Charles E. Newbold

Die Gekreuzigten

Charles E. Newbold

Die Gekreuzigten

Ein Weckruf an die Gemeinde Jesu

GloryWorld-Medien

1. Auflage 2012

Bibelzitate sind, falls nicht anders gekennzeichnet, der Elberfelder Bibel, Revidierte Fassung von 1985, entnommen.
Weitere Bibelübersetzung: Lutherbibel, Revidierte Fassung von 1956/64 [LUT]

Das Buch folgt den Regeln der Deutschen Rechtschreibreform. Die Bibelzitate wurden diesen Rechtschreibregeln angepasst.

Übersetzung: Karin Weber
Lektorat/Satz: Manfred Mayer
Umschlaggestaltung: Kerstin & Karl Gerd Striepecke, www.vision-c.de
Foto: photocase
Druck: Schönbach-Druck GmbH, Erzhausen

Printed in Germany

ISBN: 978-3-936322-67-5

Bestellnummer: 359267

Erhältlich beim Verlag:

GloryWorld-Medien
Postfach 41 70
D-76625 Bruchsal
Tel.: 07257-903396
Fax: 07257-903398
info@gloryworld.de
www.gloryworld.de

oder in jeder Buchhandlung

Inhalt

„... und sie liebten ihr Leben nicht bis zum Tod ...“

Offenbarung 12,11

Ich bete für alle, die dieses Buch lesen,

dass der Gott unseres Herrn Jesus Christus,
der Vater der Herrlichkeit,
euch gebe [den] Geist der Weisheit und Offenbarung
in der Erkenntnis seiner selbst.
Er erleuchte die Augen eures Herzens,
damit ihr wisst, was die Hoffnung seiner Berufung,
was der Reichtum der Herrlichkeit seines Erbes
in den Heiligen
und was die überragende Größe seiner Kraft
an uns, den Glaubenden, ist,
nach der Wirksamkeit der Macht seiner Stärke.

Epheser 1,17-19

Einführung

Vom Heiligen Geist inspiriert, fing ich kurz nach dem ersten Tag des Jahres 1990 an, die folgenden Kapitel niederzuschreiben, die erfreulicherweise dazu beitragen, das Neue zu erklären, das Gott heute tut: Er bringt nämlich eine neue Art von Christen hervor, die eine ähnliche Salbung haben, wie sie Johannes der Täufer (bzw. Elia) hatte, und dem Herrn den Weg bereiten: der endzeitliche Überrest.

Sie sind Vorreiter für die Erfüllung des Laubhüttenfestes. Diese neue Art von Christen nenne ich „die Gekreuzigten". Dieses Buches soll verstehen helfen, wer diese „Gekreuzigten" sind.

Zu diesem Zweck bedienen wir uns der drei wichtigsten geistlichen Feste Israels, mit denen Gott schon lange im Voraus bestimmte geistliche Ereignisse andeutete, welche wiederum den drei Höfen in der Stiftshütte von Mose entsprechen.

In diesem Buch werden wir die Feste und Höfe selbst nicht in umfassender Weise abhandeln. Es gibt viele andere Lehrer, die das weitaus besser können als ich. Viele prophetisch begabte Menschen haben schon vor langer Zeit erkannt, dass durch diese Dinge all das angedeutet wurde, was Christus im Neuen Testament erfüllte. Ich beschränke mich hier auf das, was nötig ist, um insbesondere zu sehen, wie diese Dinge mit dem Ruf Gottes in Jesus Christus in diesen Gekreuzigten, dass wir noch zu Höherem berufen sind, zusammenhängen.

Es ist natürlich mein Gebet, dass Sie sich beim Studieren dieses Buches in die Sohnschaft, in einen Lebenswandel des völligen Gehorsams hinein wachrufen lassen – dass dadurch Ihr Leben vollständig verändert wird.

Darüber hinaus hoffe ich, dass Ihnen dieses Buches dabei hilft, die großen Werke Christi, die in Begriffen wie Rechtfertigung, Erlösung, Heiligung und Verherrlichung ausgedrückt sind, besser zu verstehen und ebenso, wie diese als das fortschreitende Werk der Erlösung in Gottes ewigen Absichten miteinander zusammenhängen.

Beten Sie beim Lesen fortwährend, dass der Heilige Geist Sie lehrt und Ihnen einen Geist der Weisheit und Unterscheidung gibt. Bitten Sie ihn außerdem, dass er Ihr Leben so ergreift, dass Sie in die ganze Fülle in ihm kommen.

KAPITEL 1

Drei Feste und drei Höfe

Warum hat Gott bestimmt, dass Israel die drei Hauptfeste Passah, Pfingsten und das Laubhüttenfest feiern sollte? Und weshalb gibt es sowohl in der Stiftshütte von Moses in der Wüste als auch in Salomons Tempel drei Höfe? Sind das einfach nur launische Gedanken Gottes? Bestimmt verfolgte Gott damit einen Plan, und sicherlich hat er mit diesen Dingen immer noch etwas vor. Sie waren ein Abbild von etwas, das noch kommen sollte.

Die Feste, die drei Höfe, die ganze Ausstattung und alle Geräte in der Stiftshütte und im Tempel, die festgelegten Abläufe – ich glaube, dass all diese Einzelheiten von Dingen sprechen, die einzigartig in seinem Königreich sind und die auf die eine oder andere Weise in Jesus Christus erfüllt wurden. Als Erstes war er der Retter in der Erfüllung des Passah. Dann – in der Erfüllung von Pfingsten – wurde er durch die Gabe seines Heiligen Geistes zu dem, der uns heiligt. Am Ende wird er wiederkommen als Verherrlicher in seinem verherrlichten Leib mit seinen verherrlichten Heiligen an seiner Seite, und so wird das Laubhüttenfest erfüllt werden.

Die Symbole des Alten Testaments offenbaren uns heute sehr viel. Gott sei Dank werden diese Wahrheiten der Gemeinde geoffenbart, während wir uns dem großen und schrecklichen Tag des HERRN nähern. Sie rufen uns vorwärts und nach oben in ihn hinein, während er seine Braut für seine Wiederkunft zubereitet. Die Zubereitung der Braut ist die Zubereitung für seine Wiederkunft. Sie bedingen sich gegenseitig.

Diese drei Feste und Höfe offenbaren auch, wo verschiedene Glieder des Leibes Christi in ihrer Beziehung zu ihm stehen. Es ist wichtig, dass wir verstehen, dass unsere Beziehung zu ihm unterschiedlich eng bzw. tief sein kann. Das liegt nicht daran, dass er es so haben will, sondern an unserer störrischen und eigensinnigen Art. Dieses Kapitel untersucht, wie ich diese Unterschiede in unserer Beziehung zu Christus sehe.

Kategorien von Gläubigen

Es gibt viele Denominationen und Variationen von Gruppen im Christentum, doch sehe ich im Grunde fünf Kategorien von Gläubigen, die in allen diesen Gruppen zu finden sind. Diese sind die Liberalen, die Evangelikalen, die Pfingstler, die Charismatiker und eine sich herausbildende Gruppe, die ich in Ermangelung eines besseren Ausdrucks als „die Gekreuzigten“ bezeichne.

Die Liberalen, die Evangelikalen, die Pfingstler und die Charismatiker bleiben überwiegend dem institutionellen Christentum zugehörig. Die meisten Denominationen neigen einer dieser Kategorien zu, doch finden wir in ihnen häufig Menschen mit ganz unterschiedlichen Überzeugungen, was gewisse Lehrmeinungen angeht, sodass wir sie verschiedenen dieser Kategorien zuordnen können.

Die folgende Beschreibung ist vereinfacht und allgemein gehalten, da wir hier nicht den Platz und das Ziel haben, sie umfassend zu erklären.

Die Liberalen glauben im Allgemeinen an ein soziales Evangelium und haben eine Tendenz in Richtung Humanismus und sozialen Reformen.

Die Evangelikalen predigen die Sühnung durch das Blut Jesu Christi sowie die Notwendigkeit der Erfahrung der Wiedergeburt und tendieren dazu, fundamentalistisch zu sein.

Pfingstler und **Charismatiker** glauben an die Taufe im Heiligen Geist, das Zungenreden und verschiedene andere Geistesgaben. Daneben gibt es große Unterschiede zwischen diesen beiden Gruppen.

Die Pfingstler predigen schon immer die Heiligkeit, die für sie durch Systeme aus religiösen Verhaltensregeln erreicht wird, die darauf ausgelegt sind, das äußere Verhalten ihrer Mitglieder zu kontrollieren. Sie tendieren deshalb zur Gesetzlichkeit.

Charismatiker (besonders diejenigen in den Kirchen „des Wortes") lehren viel über Glaube und Wohlstand, weshalb sie zum Egoismus und Materialismus tendieren.

Die „Gekreuzigten" predigen Christus und ihn als gekreuzigt. Sie wollen im absoluten Gehorsam gegenüber dem Heiligen Geist leben, koste es das eigene Ich, was es wolle. Der Rest dieser Abhandlung dient dazu, herauszufinden, was diese Gekreuzigten ausmacht.

Ich glaube, dass diese voneinander abweichenden Gruppen durch die drei Hauptfeste im jüdischen heiligen Jahr im Alten Testament und ebenso durch die drei Höfe der Stiftshütte von Mose charakterisiert werden. Diese Feste und Höfe versinnbildlichen auch noch weitere Merkmale, die mit unserem Vorwärtsdrängen in die hohe Berufung Gottes hinein zu tun haben.

Tabelle

Die folgende Tabelle mit diesen Zusammenhängen habe ich aus einem Vortrag übernommen, den ich zum ersten Mal von Bruder Bill Britton hörte, einem Propheten Gottes, der inzwischen verstorben ist. Der Herr hat mir mit der Zeit diese Zusammenhänge noch verdeutlicht und mir weitere Erkenntnisse geschenkt. Auch andere Lehrer bestätigen diese Zusammenhänge. Die Tabelle dient als Überblick über das, was im weiteren Verlauf des Buches noch genauer erklärt wird.

Die Spalten sind von links nach rechts zu lesen.

Erstens	Zweitens	Drittens
Passah	Pfingsten	Laubhüttenfest
Tod, Begräbnis, Auferstehung und Himmelfahrt	Ausgießung des Heiligen Geistes	Wiederkunft Christi
Vorhof	Heiligtum	Allerheiligstes
Evangelikale	Pfingstler / Charismatiker	die „Gekreuzigten“
Jesus der Erlöser	Christus der Gesalbte	König und Herr
dreißigfach	sechzigfach	hundertfach
traditionell	„geisterfüllt“	geistgeleitet
Rechtfertigung	Heiligung	Verherrlichung
Christus aufnehmen / von ihm aufgenommen	erfüllt mit Christus	verzehrendes Feuer für Christus
vom Heiligen Geist erlöst	Erneuerung der Seele	Verherrlichung des Leibes
Taufe im Wasser	Taufe im Heiligen Geist	Taufe im Feuer / ins Leiden
Kinder	Söhne	Väter
der Weg	die Wahrheit	das Leben
das Königreich sehen	das Königreich betreten	das Königreich erben
Israel (Samaria)	Juda	Zion

Wer mit den Festen des Alten Testaments und dem Aufbau der Stiftshütte noch nicht vertraut ist, sollte am besten das 3. Mose 23 sowie 2. Mose 25–27 lesen, bevor er hier fortfährt.

Der äußere Vorhof von Moses Stiftshütte, wo die Tiere geopfert wurden, entspricht dem Passahfest, das im Tod, dem Begräbnis, der Auferstehung und der Himmelfahrt Jesu Christi erfüllt wurde.

Das Heiligtum mit dem Räucheraltar, dem Schaubrottisch (dem Brot der Zubereitung) und dem Leuchter, der unaufhörlich Olivenöl verbrannte, entspricht dem Pfingstfest, das in der Ausgießung des Heiligen Geistes auf die Gemeinde am Pfingsttag erfüllt wurde (vgl. Apg 2).

Das Allerheiligste, in dem sich die Bundeslade mit dem Gnadenthron darauf befindet, entspricht dem Laubhüttenfest, das erst noch vollständig erfüllt werden muss. Einmal im Jahr, am Versöhnungstag, betrat der Hohepriester das Allerheiligste hinter dem Vorhang, um den Gnadenthron mit dem Blut geopferter Tiere zu besprengen, um Sühnung für seine eigenen Sünden und für die Sünden des Volkes zu erwirken (vgl. 2 Mo 30,10). Jesus erfüllte den Versöhnungstag teilweise als unser großer Hohepriester (vgl. Hebr 9,7-12).

Das Laubhüttenfest ist auch bekannt als Fest der Ernte (vgl. 2 Mo 23,16), und ich glaube, dass dieses die große Ernte in Jesus hinein am großen und furchtbaren Tag des Herrn, wenn er wiederkommt, darstellt.

Meiner Erfahrung nach kann man die verschiedenartigen Gruppen von Christen dem einen oder anderen dieser verschiedenen Höfe oder Feste zuordnen, je nachdem, wie groß ihre Bereitschaft ist, Jesus Christus in ihrem Leben Herr sein zu lassen. Es ist, als hätten manche das Königreich Gottes betreten, aber noch nicht ihr ganzes Erbe in Besitz genommen, das sie genießen dürfen.

Ich will mich hier nicht gehässig ausdrücken, aber ich siedle die Liberalen ganz außerhalb der Wände der Stiftshütte an. Ich will auch gar nicht weiter auf sie eingehen, da die meisten von ihnen die göttliche Inspiration der Heiligen Schrift ablehnen. Dementsprechend leugnen sie die meisten fundamentalen Wahrheiten des christlichen Glaubens. Ich überlasse es Gott, ob sie errettet sind oder nicht. (Ich finde ihre humanitären Interessen lobenswert und wünschte mir, die ganze Kirche würde sich mehr mit solchen Werken befassen. Aber uns geht es hier um die Beziehung zu Gott und nicht um Werke.)

Die Evangelikalen ordne ich dem äußeren Vorhof der Stiftshütte zu, da sie an die Sühnung durch das Blut des Lammes Gottes und an die Erfahrung der Wiedergeburt glauben, die im Passahfest ganz klar dargestellt wird. Aber nach ihrem eigenen Bekenntnis gehen sie nur so weit. Zum größten Teil können sie nur dreißigfache Frucht bringen, da ihnen die Kraft des Heiligen Geistes fehlt. Dass sie die Taufe im Heiligen Geist auf der Grundlage einer Doktrin beanspruchen, reicht nicht aus.

Pfingstler und Charismatiker glauben an die Sühnung durch das Blut, die Erfahrung der Wiedergeburt und gehen noch einen Schritt weiter. Sie glauben an die Taufe im Heiligen Geist (Bevollmächtigung) und haben sie auch empfangen, so wie sie vom Vater verheißen wurde. Das Abbild dafür ist das Heiligtum der Stiftshütte. Doch hier bleiben sie stehen. In der Regel drehen sie sich hauptsächlich um ihre „Pfingst"-Erfahrungen. Sie erkennen einfach nicht an, dass der Heilige Geist gesandt wurde, um sie zu bevollmächtigen, weiterzugehen in das Allerheiligste hinein, dorthin, wo Jesus Christus absolut regiert. Obwohl die meisten – wie auch die Evangelikalen – bekennen würden, dass Jesus Christus HERR ist, ist diese Wahrheit in ihrem Leben keine Realität.

Da die Pfingstler und die Charismatiker die Kraft des Heiligen Geistes empfangen haben, haben sie das Potenzial, sechzigfache Frucht zu bringen. Sie sehen die Pfingsterfahrung zu häufig als Ziel, anstatt sie als Mittel zu einem Ziel zu sehen, nämlich die völlige Auslieferung an die Herrschaft von Jesus Christus.

Die neue Gattung radikaler Gläubiger, die „Gekreuzigten", glaubt nicht nur an die Sühnung durch das Blut, die Wiedergeburt und die Pfingsterfahrung, sondern drängt in das Allerheiligste hinein, wo das Laubhüttenfest erfüllt werden soll. Das Allerheiligste ist *der* Ort im Geist, wo es um nichts anderes als Jesus Christus und seinen absoluten Willen geht. Die Gekreuzigten erleben in der Praxis, welche Konsequenzen es hat, wenn man sein Leben um des Evangeliums willen niederlegt

Zwar muss das Laubhüttenfest noch erfüllt werden, doch gibt es schon Wegbereiter dafür. Genauso wie Johannes der Täufer ein Vorreiter war, um dem Herrn den Weg zu bereiten, sind diese Gekreuzigten Vorboten, um dem Herrn den Weg für seine Wiederkunft zu bereiten. Johannes war damals ein Mann mit der Salbung des Geistes von Elia (vgl. Lk 1,17). Diese Vorboten der Endzeit bilden zusammen einen aus vielen Gliedern bestehenden Menschen, der den Geist des Elia hat. Sie sind von ihrem Wesen und ihrem Lebensstil her Propheten!

Traditionelle, „geisterfüllte" und vom Geist geführte Gläubige

Man kann diese Unterschiede auch noch auf eine andere Art darstellen: es gibt traditionelle Kirchen bzw. Gemeinden, sogenannte „geisterfüllte" Kirchen/Gemeinden und die vom Geist geführten Gläubigen.

Ich sage sogenannte „geisterfüllte" Kirchen, da diese zwar anfangs vom Geist geführt wurden, aber irgendwann einmal ihr Lager um ihre früheren Erfahrungen herum aufgeschlagen haben, diese institutionalisiert haben und nicht weitergingen. Hört man auf, vom Geist geführt zu werden, wird man bald wieder traditionell. Langfristig gesehen gibt es also nur eine Einteilung in zwei Gruppen: die Traditionalisten und die vom Geist geführten. Alle Traditionalisten werden am Ende zu einer weiteren Sekte innerhalb des institutionellen Christentums, während die vom Geist geführten selten etwas mit einer organisierten Gruppe gemeinsam haben.

Wir stellen fest, dass die Welt die traditionellen Kirchen akzeptiert und die geisterfüllten Kirchen toleriert, aber sie wird die vom Geist geführten Gläubigen kreuzigen. Sogar die Traditionalisten im Christentum betrachten die vom Geist geleiteten Gläubigen mit Geringschätzung.

Würde es Satan und den Finsternismächten jemals gelingen, das Volk Gottes davon abzuhalten, vom Geist Gottes geleitet zu sein, würden sie Gottes Macht erfolgreich zerschlagen, weil die Macht Gottes durch Gehorsam freigesetzt wird. Der Feind wird niemals von jenen bedroht, *„die eine Form der Gottseligkeit haben, ihre Kraft jedoch verleugnen"* (2 Tim 3,5).

Der Feind wird heute jedoch durch eine Schar von Überwindern bedroht, die es wagen, sich selbst zu verleugnen und täglich ihr Kreuz auf sich zu nehmen (vgl. Lk 9,23), die es wagen, dem Lamm zu folgen, wohin auch immer es geht. Er zittert vor dem bloßen Hervorkommen dieser Gekreuzigten.

Kapitel 2

Durch das Kreuz gehen

Ich nenne diese dritte Gruppe von Gläubigen die „Gekreuzigten", weil ich damit ausdrücken will, dass sie nicht nur um der Vergebung ihrer Sünden willen zum Kreuz gekommen sind, sondern in vollkommener Verleugnung ihrer selbst durch das Kreuz hindurch gegangen sind. Jeder von ihnen ist bereit, wie Jesus sagte, *„sein Kreuz täglich auf sich zu nehmen ..."* (vgl. Lk 9,23; Mt 16,24).

Diese Gekreuzigten sind tot, was die Interessen und Aktivitäten ihres Fleisches und der Welt angeht. Sie sind an das Ende ihrer selbst gekommen – an den Punkt, an den Gott uns alle bringen will. Sie verstehen, dass sie das einzig wahre Leben nur dann gewinnen, wenn sie ihr fleischliches Leben verlieren und dieses völlig dem absoluten Willen Gottes übergeben. *„Wer sein Leben retten will, wird es verlieren"* (Mt 16,25). Um des Evangeliums willen sind sie bereit zu sterben bzw. sich zum Sterben bereit machen zu lassen.

Jesus ist das einzige Thema in ihrem Leben. Andere große Wahrheiten und Doktrinen sind wichtig als Schutz gegen Ketzerei, aber für sie werden diese Wahrheiten niemals zu Streitfragen, die den Leib Christi spalten. Diese „Gekreuzigten" lassen sich nicht auf Streitgespräche oder Spaltungen ein, sind aber trotzdem Bollwerke für die Wahrheit, die Jesus Christus als HERR ist.

Unter der Leitung/Herrschaft Christi

Die Gekreuzigten haben ein starkes Gespür für die Leitung von Jesus Christus und wissen sich darin sicher. Sie widerstehen den

Zwängen des traditionellen Christentums, sich der Leitung anderer Menschen unterzuordnen, und folgen dagegen der Ordnung, wie sie in der Heiligen Schrift im ersten Brief an die Korinther steht: *„Ich will aber, dass ihr wisst, dass der Christus das Haupt eines jeden Mannes ist, das Haupt der Frau aber der Mann, des Christus Haupt aber Gott“* (1 Kor 11,3). Jede andere Leitung wäre in ihren Augen falsch und eine Beleidigung ihrer aufrichtigen Gesinnung.

Die Tatsache, dass sie auf Jesus Christus als alleinigem Haupt bestehen, ist ein Ärgernis für die Traditionalisten / die Angehörigen einer Institution, die aus irgendeinem Grund Menschen in die Unterordnung von Menschen bringen wollen.

Und doch ordnen sich die Gekreuzigten einander unter, insbesondere denen, die für die Führung des Heiligen Geistes ein klares Empfinden haben. Nachdem sie sozusagen durch das Kreuz hindurchgegangen sind, sind sie demütig, vor dem Herrn zerbrochen, und eifrig danach bestrebt, sich selbst zu prüfen, um zu erkennen, ob da noch irgendetwas Böses in ihnen ist. Freiwillig und bereitwillig stehen sie in gegenseitiger Verantwortung voreinander.

Sie verfolgen keine selbstsüchtigen Ziele, sondern sehen sich selbst als Diener. Sie sind bereit, ihren Dienst für Gott im Verborgenen zu tun, und klopfen sich dabei nicht auf die Schulter. Sie suchen für sich selbst nicht *„eine Stadt, und einen Turm ... und einen Namen“* (1 Mo 11,4). Sie haben keinerlei Ehrgeiz, Macht, Positionen oder Reichtümer für sich selbst zu gewinnen. Sie haben kein Interesse daran, für ihre eigenen Zwecke Kirchen bzw. Gemeinden aufzubauen und Mitgliedschaften einzurichten, sich Programme auszudenken oder Ansehen und Titel zu erwerben. Sie verfolgen keine eigenen Ziele und Pläne. Sie sind nur an dem interessiert, was Gott will.

Zwar ordnen sie sich einander aufrichtig im Geist unter, doch werden sie dabei nicht durch Menschenfurcht motiviert, sondern durch ihre Liebe und Hochachtung für Gott den Allmächtigen. Jesus ist der absolute HERR ihres Lebens. Sie haben sich von allen Formen des Götzendienstes losgesagt.

Radikaler Gehorsam

Aus der absoluten Herrschaft Jesu Christi folgt radikaler Gehorsam ihm gegenüber. Die Gekreuzigten haben alles aufgegeben, um ihm zu folgen, und sie sind ihm sowohl in den geringsten als auch in den größeren Dingen treu (vgl. Lk 16,10).

Solcher Gehorsam ist die Folge eines extremen Glaubens und Vertrauens auf Gott, der in ihrem Leben regiert. Ihr Glaube macht den Glauben für Dinge, sogar für die Dinge des Reiches Gottes überflüssig. Ihr Glaube gründet sich allein auf Gott, unabhängig von Dingen und Umständen.

Die Listigkeit des Teufels ist ihnen allerdings nicht unbekannt und sie stehen dem ganzen Wirken des Feindes nicht machtlos gegenüber. Ja, sie üben absolute Macht über den Feind aus, weil sie dem Geist gehorsam sind.

Sie haben ein solches Vertrauen auf die gewaltige Macht Gottes in ihnen, sodass sie alles, was ihnen widerfährt, mehr als das Heiligungswerk des Heiligen Geistes betrachten als ein Zerstörungswerk des Feindes. Sie geben sich Gott und seinem Willen in solchem Maß hin, dass sie das Vertrauen haben, dass „... *denen, die Gott lieben, alle Dinge zum Guten mitwirken, denen, die nach [seinem] Vorsatz berufen sind*“ (Röm 8,28).

Nicht religiös

Die Gekreuzigten haben mit Religion, Tradition, Institution und Liturgie nichts am Hut. Sie erkennen den Unterschied zwischen Religion und einer echten Beziehung. Sie brauchen keine Religion, weil sie eine persönliche Beziehung zu dem Christus des Christentums haben.

Die Religion ist daran interessiert, Werke zu verrichten, um die Götter zu beschwichtigen, während es in einer Beziehung darum geht, mit Gott persönlich Gemeinschaft zu haben.

Religion bedeutet Opfer; Beziehung bedeutet Gehorsam. Religion ist eifrig damit beschäftigt, das Äußere des Bechers zu reinigen, während Beziehung darauf aus ist, dass die innere Reinigung stattfindet (vgl. Mt 23,25-26).

Religion hat nur am Symbol von Leib und Blut Anteil (Abendmahl), während die Beziehung Anteil an der Person des Leibes und des Blutes hat.

Wir können den Menschen nicht länger nur das Symbol anbieten. Sie brauchen die Person hinter dem Symbol – Jesus Christus, den Herrn.

Die Gekreuzigten stützen sich in ihrem Leben nicht mehr auf die Symbole, sondern auf ihre Beziehung zu dieser Person. Sie haben sich so sehr mit ihm identifiziert, dass, wenn sie ihr eigenes Leben als lebendiges, heiliges und Gott wohlgefälliges Opfer darbringen (vgl. Röm 12,1), es so ist, als würden sie diese Person selbst darbringen.

Wenn sie so mit Gott verbunden sind, werden sie ihn kennenlernen, und nicht nur etwas über ihn wissen – sie werden ihn und seine Wege verstehen, ihm vertrauen, Liebe und Zuneigung zu ihm empfinden, ihn fürchten, ihn respektieren und ihm gehorchen. Zwischen ihm und den Gekreuzigten entsteht eine unauflösbare Verbindung.

Diese Gekreuzigten sind nur daran interessiert, Jesus immer noch tiefer kennenzulernen. Sie sind es, über die in Anbetracht ihres Lebens und ihrer Kraft gesagt werden könnte, *„dass sie mit Jesus waren“* (Apg 4,13).

Sie sind in keiner Weise auf sich selbst fixiert, sondern sind ausschließlich auf Jesus und seinen Willen ausgerichtet. Sie identifizieren sich mit seinen Plänen und Zielen in alle Ewigkeit.

Nicht materialistisch

Sie sind nicht materialistisch und haben gelernt: *„... auch wenn jemand Überfluss hat, besteht sein Leben nicht durch seine Habe“* (Lk 12,15). Sie identifizieren sich mit dem Apostel Paulus, der über sich selbst sagte *„... ich habe gelernt, mich damit zu begnügen, worin ich bin“* (Phil 4,11). Es spielt keine Rolle, ob sie etwas besitzen oder nicht. Sie setzen ihr Vertrauen allein auf Gott, der für alles sorgt. Sie denken an den Heiligen Geist, nicht an das Fleisch, nicht zeitlich, sondern ewig, nicht materialistisch, sondern geistlich.

Sie wollen kein Aufsehen erregen

Sie wollen kein Aufsehen erregen. Sie sind eingetaucht in den Heiligen Geist, sie können wahrscheinlich in Sprachen reden, sie glauben daran, dass heutzutage die Gaben und Dienste des Heiligen Geistes, wie sie in der Heiligen Schrift beschrieben sind, wirksam sind, und erwarten sehnsüchtig das zweite Kommen des HERRN. Aber diese Dinge beschäftigen sie nicht groß. Sie wollen Geistesgaben empfangen als Werkzeuge, um in der Herrschaft von Jesus Christus weiterzugehen.

Die Pfingsterfahrung ist nicht das Ziel, sondern der Weg zum höchsten Ziel, ihn zu gewinnen, in ihm erfunden zu werden (vgl. Phil 3,7-11). Sie sind weniger auf dramatische, äußere Manifestationen von Wundern und Heilungen aus, sondern strecken sich vielmehr nach der *„Heiligung, ohne die niemand den Herrn schauen wird"* (Hebr 12,14) aus. Sie begehren noch stärker dieses verborgene Wirken des Heiligen Geistes in ihrem Leben. Auf lange Sicht gesehen, werden ihnen jedoch die größeren und gewaltigeren Zeichen folgen.

Ihr Hauptinteresse besteht darin, zu Gott hin abgesondert zu sein. *„Denn dies ist Gottes Wille, eure Heiligung"* (1 Thess 4,3). Sie zögern nicht, Schuld zuzugeben und Buße zu tun. Die Heiligung erreichen sie durch das reinigende und läuternde Feuer des Heiligen Geistes – das sie in das Bild von Jesus verwandelt und verändert.

Sie warten geduldig auf den HERRN – sie ruhen, warten, hören, und dann und nur dann handeln sie.

Sie haben ein tiefes Vertrauen in die Bibel als Wort Gottes und leben, als habe Gott gesagt, was er meinte, und gemeint, was er sagte.

Sie haben auch ein tiefes Vertrauen in den Heiligen Geist Gottes und gründen ihr Tun auf Sacharja 4,6: *„Nicht durch Macht und nicht durch Kraft, sondern durch meinen Geist, spricht der HERR der Heerscharen."* Sie vertrauen nicht auf ihr Fleisch (vgl. Phil 3,3).

Die Gemeinde ohne Mauern

Die Gekreuzigten sind die Gemeinde ohne Mauern. Sie sind mit Jesus vor das Lager hinausgegangen und tragen seine Schmach (vgl. Hebr 13,12-13).

Die Kirchen sind wie ummauerte Städte, in denen sie ihre Mitglieder festhalten.

Die ökumenische Bewegung ist ein Versuch, diese Mauern zu überdecken, um so den Eindruck von Einheit zu erwecken. Aber all diese Versuche werden niemals das Vorhandensein dieser Mauern beseitigen.

Immer öfter werden diese eingemauerten Städte auch unter den aufrichtigsten Gläubigen zu sozialen Clubs für ihresgleichen. Gott ruft nicht nach christlichen Clubs. Vielmehr ruft er sein Volk da heraus. Die einzige Mauer, an der Gott und seine Gekreuzigten interessiert sind, ist die feurige Mauer, die in Sacharja 2,9 erwähnt ist: *„Und ich selbst werde ihm (Jerusalem) ringsherum eine feurige Mauer sein, spricht der HERR, und ich werde zur Herrlichkeit in seiner Mitte sein.“* Diese Gekreuzigten sind ein Volk, das aus einem Volk herausgerufen wurde: die *ekklesia*, die „Herausgerufenen“.[1]

In ihren Augen gehören die Geistesgaben und die Dienste des Heiligen Geistes dem ganzen Leib, unabhängig von der Mitgliedschaft in einer bestimmten Gemeinde.

Die Gekreuzigten haben für sich selbst keinen anderen Namen außer seinen Namen angenommen: den Namen Jesus (vgl. Apg 15,14).

Sie versammeln sich in keinem anderen Namen als in seinem Namen (vgl. Mt 18,20).

Sie beugen sich keiner anderen Herrschaft außer der Herrschaft Jesu Christi, der das wahre Haupt der Gemeinde ist (vgl. Eph 1,22; 4,15; 5,23).

Sie folgen keinem anderen als nur dem Heiligen Geist Gottes, der seinerseits daran gebunden ist, nur das zu tun und zu sagen, was Jesus, das Haupt, tut und sagt (vgl. Joh 16,13).

---

[1] Ekklesia ist das griechische Wort, das mit „Gemeinde“ übersetzt wurde; wörtlich übersetzt bedeutet es jedoch „Herausgerufene“.

Sie kennen keine andere Stimme außer der des Guten Hirten (vgl. Joh 10,14-16).

Sie mit nichts und niemandem verbunden, außer mit ihm (vgl. 1 Kor 6,17).

Sie wurden um einen Preis erkauft (vgl. 1 Kor 7,23) und wagen es daher nicht, irgendjemanden zu besitzen oder irgendjemandem außer ihm zu gehören. Und doch gehören sie im tiefsten geistlichen Sinne des Wortes einander (vgl. 1 Kor 3,22).

Sie haben kein anderes Leben zu leben außer sein Leben, das in ihnen und durch sie gelebt werden soll (vgl. Gal 2,20).

Propheten

Die Gekreuzigten sind ein Volk, das **sagt,** was Gott sagt, **tut,** was Gott tut, und **ist,** wozu Gott es gemacht hat.

Sie sind wahre Propheten Gottes. Damit meine ich nicht, dass sie alle zu dem ausrüstenden Dienst des Propheten berufen sind. Dennoch gestalten sie ihr Leben nach dem Leben der Propheten Gottes – nach dem Geist des Elia. Sie pflegen diese radikale Beziehung zu Gott im Geist, sprechen durch ihren eigenen Lebensstil für Gott, überführen die Welt und bereiten dem HERRN den Weg für seine Wiederkunft.

Im Leib Christi erscheinen sie wie Freigeister, aber tatsächlich sind sie das genaue Gegenteil. Jeder Einzelne von ihnen gibt sich vollkommen und um jeden Preis Gottes Willen hin. Es gibt keinerlei Rebellion unter ihnen.

Indem jeder von ihnen dem Heiligen Geist folgt, stellen sie fest, dass er sie gemäß der Heiligen Schrift führt; dass die Gaben und Dienste des Heiligen Geistes zu Tage treten und anfangen, ohne Mauern miteinander zu fließen; dass sein Leib, die Gemeinde, anfängt, gemäß der in der Bibel (vgl. Eph 4,13) vorgegebenen Ordnung und Freiheit als ein Mann zusammenzukommen; dass seine göttlichen Absichten und Pläne offenbar werden; dass seine Gegenwart und Macht in Erscheinung treten; und dass sie selbst überall auf der Welt als ein aus vielen Gliedern zusammengefügter Sohn hervortreten.

Diese Dinge müssen das Werk des Heiligen Geistes sein, der das Haus Gottes baut. *„Wenn der Herr das Haus nicht baut, arbeiten seine Erbauer vergebens daran"* (Ps 127,1).

Kein Mensch weiß, wie Gottes Haus gebaut wird. Der Mensch kann Gottes göttliche Ordnung nicht gesetzlich regeln oder institutionalisieren. Er kann sich nur dem heiligenden Wirken des Heiligen Geistes, der das Haus baut, unterordnen und das, was der Heilige Geist ihm gezeigt hat, radikal befolgen. Jeder Versuch, etwas aufzubauen, gesetzlich zu regeln oder zu institutionalisieren, wenn es der Heilige Geist nicht gezeigt hat, ist fleischlich und endet in Gesetzlichkeit und Tod. *„... der Buchstabe tötet, der Geist aber macht lebendig"* (2 Kor 3,6).

Ströme lebendigen Wassers von innen heraus

Diese Gekreuzigten sind hochmotiviert. Sie werden vom Leben und der Kraft des Heiligen Geistes in ihnen angetrieben. Sie sind selbst zu dem lebendigen Wasser geworden, das aus ihrem Innersten quillt und als Strom des Lebens von ihnen fließt (vgl. Joh 7,38).

Man muss sie nicht zu Lobpreis und Anbetung, zum Beten, Fasten oder Geben motivieren. Sie gehen auf alles ein, was der Heilige Geist ihnen sagt.

Sie brauchen nicht zu diesem Seminar über Heilung und zu jenem Workshop über Befreiung zu rennen. Sie brauchen nicht alle möglichen Bücher und Kassetten zu den verschiedensten Fragen des christlichen Lebens zu kaufen.

Sie müssen nicht versuchen, durch das endlose Heruntersagen von Glaubensbekenntnissen die Verheißungen Gottes für ihr Leben zu ergreifen.

Das Königreich Gottes ist in ihnen (vgl. Lk 17,21). Das Wort Gottes ist in ihnen. Sie sind in ihm und er ist in ihnen. Sie sind eins, so wie er eins ist mit dem Vater (vgl. Joh 17,21). Jesus, das Wort Gottes, verkörpert die Verheißungen Gottes; deshalb sind die Verheißungen Gottes in ihnen und können nicht durch äußeres Haschen erlangt werden.

Darüber hinaus haben sie nicht nur das Königreich, das Wort, die Verheißungen und die Person des Wortes in ihrem Herzen, sondern sie machen das Wort Gottes in ihrem Leben und durch ihr Leben sichtbar. Sie sind *lebendige Briefe* (vgl. 2 Kor 3,2-3) und *Aussprüche Gottes* (vgl. 1 Petr 4,11). In ihrem eigenen Leib ist das Wort Fleisch geworden, da sie der Leib Christi in der Welt sind.

Normales Christenleben

Damit will ich nicht sagen, dass diese Gekreuzigten eine elitäre Gruppe von Leuten sind, entsprechend dem, was die Welt unter Elite versteht. Ganz im Gegenteil: Sie sind oft Gegenstand von Spott und Verachtung in der Welt.

Zum gekreuzigten Leben hat Gott alle seine Jünger berufen. Aus Gottes Sicht ist dies das normale Leben eines Christen. Jeder Versuch, ein Leben in Christus zu führen, das diesem Maßstab nicht gerecht wird, ist keine normale Jüngerschaft, sondern eine, die unter den Möglichkeiten bleibt.

Dies erreicht jedoch niemand aus eigener Kraft.

Jesus allein ist die Erfüllung aller dieser Feste und Höfe. Er ist unser Erlöser und unsere Erlösung, unser Rechtfertiger und unsere Rechtfertigung, unser Befreier und unsere Befreiung, der, der uns heiligt, und unsere Heiligung, der, der uns verherrlicht, und unsere Verherrlichung. Wollen wir diese Dingen haben, dann müssen wir ihn haben. Er ist alles!

Es geht nicht darum, ob Gott zur Erlösung, Rechtfertigung, Befreiung, Heiligung und Verherrlichung bereit wäre. Er hat es schon getan. Es geht darum, dass wir an ihn glauben als den Vollender seines eigenen Werkes – was er an unserer Statt getan hat – und dass wir dazu bereit sind, dass Gott all das in uns wirkt, was er für uns getan hat.

Manche sind nicht dazu bereit, in der Heiligung und Verherrlichung weiterzugehen. Du kannst nicht verherrlicht werden, ohne dass du zuvor geheiligt wurdest. Du kannst nicht geheiligt werden, ohne dass du zuvor gerechtfertigt wurdest. Wir wurden gerechtfertigt, wir werden geheiligt, wir wir verherrlicht werden: all das zusammen gehört zum Prozess der Erlösung. Wir werden zu denen, die wir in Jesus Christus sind.

Somit wurden nicht nur alle drei Feste und Höfe in Jesus erfüllt, sondern sie nehmen auch in unserem Leben Gestalt an, in dem Maße, wie wir dazu bereit sind und es zulassen. Oswald Chambers schrieb in seinem erbaulichen Buch „Mein Äußerstes für sein Höchstes": „Es ist keine Frage, ob Gott willens ist, mich zu heiligen; aber ist es *mein* Wille? Bin ich wirklich bereit, dass Gott all das in mir tut, was durch das Sühneopfer Christi möglich geworden ist?"

Aus dem Feuer geboren

Diese Gekreuzigten sind aus dem Feuer geboren. In Apostelgeschichte 8,1-4 wird über ein entsprechendes Beispiel zur Zeit der Christen im ersten Jahrhundert berichtet. Wir lesen hier, dass Saulus in die Steinigung von Stephanus eingewilligt hatte; daraus entstand eine große Verfolgung der Gemeinde in Jerusalem. Durch diese Verfolgung wurden die Jünger, mit Ausnahme der Apostel, in der ganzen Gegend von Judäa und Samaria verstreut. Diese verstreuten Christen machten sich auf den Weg und predigten das Wort.

Jesus Christus hatte diesen ersten Jüngern folgenden Auftrag gegeben: *„Geht nun hin und macht alle Nationen zu Jüngern, indem ihr sie tauft … und sie lehrt …"* (Mt 28,19-20), aber es war für sie bequemer, in ihrem Schlupfwinkel in Jerusalem zu bleiben, und so zogen sie nicht aus, wie es ihnen aufgetragen worden war. Es brauchte also Verfolgung, um sie zu zerstreuen und so das Wort außerhalb zu verbreiten.

Ich spüre, dass wieder Verfolgung notwendig ist, damit die Heiligen verstreut werden und das **wahre** Evangelium verbreiten.

Ich sage „wahres" Evangelium, weil jedes andere Evangelium, das nicht „Jesus Christus und ihn als gekreuzigt" predigt, nicht das wahre, sondern „ein anderes Evangelium" ist. Soziale Gerechtigkeit, die Erfahrung der Wiedergeburt, Heiligkeit, Glaube, Wohlstand, Gemeindeordnung und andere solche Lehren mögen Wahrheiten sein, sind jedoch in sich und aus sich heraus nicht

„das“ Evangelium. Sie mögen bis zu einem gewissen Umfang Nebenprodukte des Evangeliums sein. Aber gemäß dem Apostel Paulus, dessen Schriften wir als von Gott eingegeben und heilig betrachten, ist das Evangelium: Christus und er als gekreuzigt. Im ersten Brief an die Korinther steht: *„Denn ich nahm mir vor, nichts anderes unter euch zu wissen, als nur Jesus Christus, und ihn als gekreuzigt“* (1 Kor 2,2).

Verfolgung ist oft ein Mittel, das Gott benutzt, um uns aufzurütteln – sein Werkzeug zur Erfüllung des großen Auftrags.

Eine höhere Dimension im Geist

Indem sie vom Passahfest durch Pfingsten hindurchgegangen sind, sind die Gekreuzigten in eine höhere Dimension im Geist gelangt und greifen schon nach dem Laubhüttenfest, noch bevor es erfüllt ist. (Ich betone nochmals, dass diese höhere Dimension von jedem aufrichtigen, hungrigen, suchenden Jünger erwartet wird und ihm auch zur Verfügung steht.)

Ein Sinnbild dafür finden wir im Alten Testament, wo David und seine Männer die Schaubrote aßen (vgl. 1 Sam 21,4-6). Entsprechend finden wir im Neuen Testament in Matthäus 12,1-8 den Bericht darüber, dass Jesus und seine Jünger am Sabbat durch ein Weizenfeld gingen und einige Körner aßen. Die Pharisäer sahen das und befragten Jesus über diese rechtswidrige Angelegenheit. Jesus erinnerte sie daran, wie David in das Haus Gottes gegangen war und die Schaubrote aß, was ihm vom Gesetz her nicht erlaubt war. Und doch war er schuldlos.

Jesus erklärte dann, dass dort Größeres als der Tempel war. Er bezog sich damit auf sich selbst – dass er der HERR des Sabbats war. Anders ausgedrückt: Aufgrund seiner engen Beziehung zu Gott streckte sich David über das Gesetz hinaus und ergriff denjenigen, welcher der Herr über das Gesetz ist. Er bewegte sich in einer höheren Dimension im Geist.

Es gibt auch ein Brot für die Kinder Gottes, an dem wir jetzt noch nicht teilhaben dürfen, weil wir noch nicht selbst in dieses gekreuzigte Leben hineingekommen sind. Wir leben und handeln aus der Barmherzigkeit und Gnade von Jesus Christus, dem

HERRN, der vor uns ein für alle Mal als der Große Hohepriester hineingegangen ist.

Wenn die Gekreuzigten einmal wirklich in das Allerheiligste vorgedrungen sind – an den Ort, wo es nichts außer Jesus gibt, wo Christus nicht nur als gekreuzigt gepredigt wird, sondern wo der Gläubige selbst ein lebendiges Beispiel für dieses Leben als Gott wohlgefälliges Opfer ist (vgl. Röm 12,1) – sind sie an einen Ort gekommen, wo keiner mehr krank oder gelähmt ist; wo die Dämonen nicht unterdrücken, peinigen oder in Versuchung führen können; wo materielle Dinge bedeutungslos sind, da all diese Dinge einen toten Menschen nicht betreffen. Vielmehr werden die Segnungen Gottes sie verfolgen.

Jesus ist ihr Leitbild. Sein geopfertes Leben wird zu ihrem Leben, und ihr Leben wird seines. Der Heilige Geist schenkte die Gaben und Dienste als Werkzeuge, um die Heiligen für den „Dienst" auszurüsten, mit dem Ziel, dass sie wie er werden. Wir nähern uns rasch dem Ende und der Vervollkommnung der Heiligen – jenen, die willens sind, in Christus durch das Kreuz zu gehen.

Kapitel 3

Verzehrt

Ist es nicht interessant, dass Gott bestimmte Feste (etwas, das mit Essen zu tun hat) einsetzte, bei denen das Volk Israel ihn anbeten sollte? Diese Feste sollten sein vollendetes Werk in Christus darstellen und die göttliche Beziehung, die wir „in ihm" haben, widerspiegeln.

Das Passah-Lamm, das den Tod von Jesus Christus versinnbildlicht, der das Lamm Gottes ohne Flecken und Runzeln war, sollte von den Kindern Israels in der Nacht vor ihrem Auszug aus Ägypten in ihren Wohnungen vollständig aufgegessen werden. Alles Fleisch (des geschlachteten Tieres), das nicht aufgegessen wurde, sollte vom Feuer verzehrt werden. Wie auch immer, das Opfer musste vollständig verzehrt werden (vgl. 1 Mo 12,5.10).

Später, im alten Israel, gebot Gott, dass die levitischen Priester die dem HERRN dargebrachten Brandopfer essen sollten, und er erklärte, dass dies ihr Erbteil unter ihren Brüdern sei (vgl. Jos 13,14).

Von Anfang an war es Gottes Absicht, dass das ganze Volk Israel ein Königtum von Priestern und ein heiliges Volk vor ihm sein sollte (1 Mo 19,6). Da sie ihm in dieser Sache nicht gehorchten, setzte er den Stamm der Leviten als Priester ein, die ihm dienen sollten (vgl. 5 Mo 10,8).

In Christus haben alle Gläubigen Gottes Wunsch nach einem *„auserwählten Geschlecht, einem königlichen Priestertum, einer heiligen Nation ..."* (1 Petr 2,9) erfüllt. In Christus schaffte Gott die Anforderung, dass ihm nur einige wenige als Priester dienen sollten, ab und führte die Priesterschaft aller Gläubigen ein.

Jesus Christus, das Lamm Gottes, wurde für uns, seine Priester, zu unserem Erbteil. Wir müssen ihn „verzehren“ bzw. aufnehmen. In Johannes 6,58 sagte Jesus von sich, er sei *„das Brot, das aus dem Himmel herniedergekommen ist“*. Er gebot seinen Jüngern, sein Fleisch zu essen und sein Blut zu trinken (vgl. Joh 6,53-56). Das war ein hartes Wort, und die Schrift sagt, dass sich von diesem Tag an viele davon abwandten, ihm nachzufolgen (vgl. Joh 6,60-66).

Es ist eine Sache, das Abendmahl des Herrn zu feiern, das an seinen Tod erinnert, aber es ist eine ganz andere Angelegenheit, an ihm und seinem Tod teilzuhaben, indem wir unser eigenes Leben niederlegen.

Wenn wir uns die Folge dieser Feste ansehen, die ja mit den drei Höfen der Stiftshütte zusammenhängen, stellen wir insbesondere im Hinblick auf diese Gekreuzigten fest, dass vier Dinge zur Vollendung des Heiligungs- bzw. Absonderungsprozesses geschehen müssen.

Christus verzehren

Zuerst sollen wir Christus völlig „verzehren“. Dies stellen wir symbolisch durch die Feier des Abendmahls dar. In Matthäus 26,26-29 steht: *„Während sie aber aßen, nahm Jesus Brot, segnete, brach und gab es den Jüngern und sprach: Nehmt, esst, dies ist mein Leib. Und er nahm einen Kelch und dankte und gab ihnen den und sprach: Trinkt alle daraus! Denn dies ist mein Blut des Bundes, das für viele vergossen wird zur Vergebung der Sünden“* (vgl. dazu auch Mk 14,22-24; Lk 22,19-20; 1 Kor 11,24-25).

In der King James Version der Bibel steht *„Trinkt alles aus“*[1], und das bezieht sich auf den Kelch. Die neueren Übersetzungen lauten *„Trinkt alle daraus“*. Von der griechischen Syntax her bleibt dieser Satz etwas ungenau. Ich glaube, dass die King James Version mit dem Passah übereinstimmt, als ihnen geboten wurde, das ganze Lamm vollständig aufzuessen, und was nicht

[1] *„Drink ye all of it“:* kann sowohl „Trinkt alles aus“ als auch „Trinkt alle daraus“ bedeuten (Anm. d. Herausg.).

aufgegessen wurde, sollte am nächsten Morgen vom Feuer verzehrt werden. Bei beiden Zeremonien liegt die Betonung auf vollständigem Verzehr. Wir sollen Jesus vollständig verzehren.

Wer nur am Symbol Anteil hat, vollzieht ein sinnloses Ritual, es sei denn, der Betreffende hat zuerst Jesus, das Brot des Lebens, in sich aufgenommen. Wir nehmen Jesus auf, wenn wir von Neuem (von oben) geboren werden (vgl. Joh 3,3-8).

Sein Fleisch essen und sein Blut trinken bedeutet, dass wir Jesus Christus als HERRN so in uns aufnehmen, dass unsere alte Natur von Grund auf verändert wird. Wir sind eine neue Schöpfung geworden. *„Daher, wenn jemand in Christus ist, so ist er eine neue Schöpfung; das Alte ist vergangen, siehe, Neues ist geworden“* (2 Kor 5,17).

Die Taufe im Wasser ist ein Symbol für diese Taufe in seinen Tod, sein Begräbnis und seine Auferstehung. *„Oder wisst ihr nicht, dass wir, so viele auf Christus Jesus getauft wurden, auf seinen Tod getauft sind? So sind wir nun mit ihm begraben worden durch die Taufe in den Tod, damit, wie Christus aus den Toten auferweckt worden ist durch die Herrlichkeit des Vaters, so auch wir in Neuheit des Lebens wandeln“* (Röm 6,3-4). *„[Ihr seid] mit ihm begraben in der Taufe, in ihm auch mit auferweckt durch den Glauben an die wirksame Kraft Gottes, der ihn aus den Toten auferweckt hat“* (Kol 2,12). *„Denn ihr seid gestorben, und euer Leben ist verborgen mit dem Christus in Gott“* (Kol 3,3).

Die Taufe im Wasser ist in unserer geistlichen Erfahrung in Christus eine Verbindung des Todes mit der Himmelfahrt. *„Er hat uns ... mitsitzen lassen in der Himmelswelt in Christus Jesus“* (Eph 2,6). Alle diese geistlichen Erfahrungen gehen Pfingsten voraus.

Wir müssen ihn wirklich **ganz** aufnehmen. Das ist der Anfang unseres himmlischen Weges mit ihm.

Von Christus verzehrt werden

Zweitens stellen wir fest, dass, wenn wir Christus völlig „verzehren“, wir auch von ihm völlig verzehrt werden. Es bleibt dem menschlichen Verstand ein Geheimnis, wie wir in Christus sein können und er in uns, so wie er im Vater ist. *„An jenem Tag“* (wenn der Tröster, der Heilige Geist, an Pfingsten gekommen sein wird) *„werdet ihr erkennen, dass ich in meinem Vater bin und ihr in mir und ich in euch“* (Joh 14,20).

Diese Einheit mit der Gottheit gehört noch zu dem Bereich des Passah, wo wir erlöst und gerechtfertigt wurden und das ewige Leben und Autorität erhielten. Ihn zu gewinnen heißt, das ewige Leben zu gewinnen; das heißt, völlig in ihm verborgen zu sein – von ihm verzehrt zu sein.

Ihn zu verzehren heißt, ihn in uns auf zunehmen. Von ihm verzehrt zu sein heißt, von ihm übernommen zu werden, mit ihm eins gemacht zu werden. Wir nehmen alles von ihm. Er nimmt alles von uns.

Von Christus eingenommen

Aber es muss noch mehr geschehen. Wir verzehren ihn, damit wir von ihm verzehrt werden, sodass wir mit ihm verzehrt, das heißt ganz von ihm eingenommen sind. Das ist die Voraussetzung dafür, dass Pfingsten auf uns herabkommt.

Johannes sagte jenen, die zu ihm kamen, um im Wasser getauft zu werden, dass einer kommen werde, *„dessen Sandalen zu tragen ich nicht würdig bin; er wird euch mit Heiligem Geist und Feuer taufen“* (Mt 3,11).

Pfingsten war die Erfüllung dieser Verheißung. *„Und als er mit ihnen versammelt war, befahl er ihnen, sich nicht von Jerusalem zu entfernen, sondern auf die Verheißung des Vaters zu warten – die ihr, sagte er, von mir gehört habt; denn Johannes taufte mit Wasser, ihr aber werdet mit Heiligem Geist getauft werden nach nicht mehr vielen Tagen“* (Apg 1,4-5).

Am Pfingsttag erklärte Petrus, dass jetzt das stattfand, was Joel für die letzten Tage prophezeit hatte: *„Ich werde meinen Geist auf alles Fleisch ausgießen“* (Apg 2,17).

Beim Passah bekommen wir Jesus. Jesus heißt Retter. Mit Pfingsten bekommen wir Christus. Christus heißt „der Gesalbte“. Christus ist die griechische Übersetzung des hebräischen Wortes Messias.

Der Heilige Geist ist die salbende Kraft von Christi Dienst in seinen Jüngern und durch sie. **Wir empfangen den Heiligen Geist hauptsächlich, um die Macht seiner Herrschaft zu empfangen. Ohne den Heiligen Geist ist es nicht möglich, das Werk Gottes zu tun.**

In den Heiligen Geist getauft zu werden heißt, völlig mit Gott in Christus erfüllt zu sein, das heißt, mit dem großartigen und herrlichen Heiligen Geist des allmächtigen Gottes durchtränkt, erfüllt, durchdrungen und darin eingetaucht zu sein. Wer eine solche Taufe empfangen hat, dessen Herz quillt über von ihm. Diese Menschen hungern und dürsten nach immer mehr von ihm. Er nimmt sie völlig in Beschlag. Sie essen, trinken, schlafen, denken Jesus. Ganz von ihm eingenommen!

Außerdem werden sie jenem Feuer des Heiligen Geistes übergeben, das sie von der Sünde, der Welt, dem Fleisch und dem Einflussbereich Satans trennt. Sie setzen sich Gottes läuterndem Feuer aus, um die *„Heiligung, ohne die niemand den Herrn schauen wird“* (Hebr 12,14) zu erlangen.

Den Heiligen Geist empfangen wir, damit er uns führen und lehren möge, damit wir ihm dienen können im hohen Lobpreis Gottes, dessen er würdig ist – damit wir Gott in Geist und Wahrheit anbeten, damit wir die Macht seiner Herrschaft gewinnen, damit wir die Frucht des Geistes hervorbringen, damit wir in den entlegenen Gegenden der Erde seine Zeugen sind, damit wir zum Preis seiner Herrlichkeit leben und schließlich und endlich in das Bild seines Sohnes, Jesus Christus, unseres HERRN, verwandelt werden.

Durch Pfingsten werden wir also geheiligt, aber das reicht noch nicht aus. Denn das Ziel von Passah und Pfingsten ist die Erfüllung des Laubhüttenfestes. Die ganze Schöpfung wartet seufzend auf die Offenbarung der Söhne Gottes: *„Denn die Schöpfung harrt noch sehnsüchtig auf die Offenbarung* [das Hervorkommen] *der Söhne Gottes“* (Röm 8,19-23).

Ein verzehrendes Feuer für Christus

Wir sollen ihn verzehren und von ihm verzehrt werden, sodass wir ganz von ihm eingenommen sind, **damit wir am Ende ein verzehrendes Feuer für ihn werden.**

„Unser Gott ist ein verzehrendes Feuer" (Hebr 12,24), und alle aufrichtigen Gläubigen sind aufgerufen, genau das zu sein: ein verzehrendes Feuer. Wer auch immer durch die Besonderheit seines niedergelegten Lebens ein verzehrendes Feuer wird, wird für die Welt, das Fleisch und Satan zu einem Anstoß.

Er wird das Ziel von Verfolgungen. Warnte nicht Jesus selbst: *„Wenn die Welt euch hasst, so wisst, dass sie mich vor euch gehasst hat. Wenn ihr von der Welt wäret, würde die Welt das Ihre lieben; weil ihr aber nicht von der Welt seid, sondern ich euch aus der Welt erwählt habe, darum hasst euch die Welt ... Ein Sklave ist nicht größer als sein Herr. Wenn sie mich verfolgt haben, werden sie auch euch verfolgen"* (Joh 15,18-20).

Wir lesen in der Bibel, dass die Herrlichkeit des HERRN das Haus des HERRN nur dreimal erfüllte: die Stiftshütte von Mose (vgl. 2 Mo 40,34), den Tempel Salomos (vgl. 1 Kö 8,11) und den Tempel von Hesekiel (vgl. Hes 10,4; 43,4-5; 44,4).

Ich glaube, dass der Tempel von Hesekiel die endzeitliche Armee von Gläubigen darstellt, die in diesen letzten Tagen hervorkommt. Wir sind der Tempel des Heiligen Geistes (vgl. 1 Kor 6,19). Es wird dieses Haus von vielen Söhnen sein, welches eines Tages wieder von der Herrlichkeit des HERRN erfüllt sein wird.

Die Herrlichkeit kehrte nie in den Tempel von Serubbabel oder Herodes zurück. Sie wurde zurückgehalten für diese letzte Zeit vor der Wiederkehr des HERRN, wenn viele Söhne zur Herrlichkeit geführt werden. *„Denn es geziemte ihn, um dessentwillen alle Dinge und durch den alle Dinge sind, indem er viele Söhne zur Herrlichkeit führte, den Urheber ihrer Errettung durch Leiden vollkommen zu machen"* (Hebr 2,10).

Im Passahfest werden wir erlöst und gerechtfertigt; im Pfingstfest werden wir geheiligt; im Laubhüttenfest werden wir verherrlicht. Dies wird vollendet werden, wenn Jesus wiederkommt. Aber wie gesagt gibt es jetzt schon einen Vorgeschmack auf diese Wiederkehr; Vorboten im Geiste des Elia kommen hervor, die den Weg für die Wiederkunft des Herrn bereiten (vgl. Mal 4,5).

Im Zusammenhang mit Ernährung wird oft gesagt: Du bist, was du isst. So verhält es sich auch mit geistlichen Dingen.

Sein Fleisch zu essen und sein Blut zu trinken heißt, Anteil an seiner Gerechtigkeit zu haben und dadurch zur Gerechtigkeit Gottes zu werden.

Sein Fleisch zu essen und sein Blut zu trinken, heißt, Anteil an seiner Heiligkeit zu haben und dadurch zur Heiligkeit Gottes zu werden.

Sein Fleisch zu essen und sein Blut zu trinken heißt, Anteil an seiner Herrlichkeit zu haben und dadurch zur Herrlichkeit Gottes zu werden.

Sein Fleisch zu essen und sein Blut zu trinken heißt, Anteil an seiner göttlichen Natur zu haben und dadurch von unserem Wesen her gottgemäß zu sein.

Sein Fleisch zu essen und sein Blut zu trinken heißt, zum „gebrochenen Brot und ausgegossenen Wein" zu werden (um es mit Oswald Chambers zu sagen).

KAPITEL 4

Erlösung / Rechtfertigung

Aufgrund des Sühneopfers von Jesu Blut sind wir (schon) gerechtfertigt und erlöst, werden wir (jetzt) geheiligt (zu Gott hin abgesondert, weg von der Sünde, dem Satan, dem Fleisch und der Welt), und werden (am Ende) verherrlicht werden. Um diesen Prozess der Errettung besser zu verstehen, wollen wir nun einen kurzen Blick auf unsere Erlösung und Rechtfertigung werfen.

Christus ist unser Erlöser/Rechtfertiger

Gott wird niemals unser Fleisch verhätscheln; er bringt es in den Tod. Er wird niemals **unsere** Sache schonen – er ist nur an seiner Sache interessiert.

Seine Sache ist die Erlösung der Menschheit. Man kann diese Erlösung auf keine andere Weise oder durch keine andere Tür als durch das Sühneopfer des Blutes Jesu Christi empfangen.

Durch Gesetzeswerke kann man nicht erlöst und gerechtfertigt werden. Das Gesetz wurde nicht erlassen, um die Menschen von der Sünde zu erlösen, sondern um sie von Sünde zu überführen. Die Überführung von Sünde allein kann auch nicht erretten. Der Überführung von Sünde muss die Buße folgen. Buße bedeutet, sich abzuwenden, umzukehren, eine völlige Kehrtwendung zu vollziehen, unser Denken zu verändern. Aber wir können uns nicht einfach vom Bösen abwenden. Wir müssen uns dem Erlöser zuwenden.

Das Gesetz sagt uns, was richtig ist. Das Gesetz ist die Grundlage für jedes gerechte Urteil. Das Gesetz muss durch Gerechtigkeit erfüllt werden; das heißt, dass das Gesetz vollständig befolgt werden muss. Das kann die gefallene, verfluchte Natur des menschlichen Fleisches unmöglich vollbringen. Jesus dagegen erfüllte als vollkommener Sohn Gottes die gerechten Anforderungen des Gesetzes.

> *Den, der Sünde nicht kannte, hat er für uns zur Sünde gemacht, damit wir Gottes Gerechtigkeit würden in ihm* (2 Kor 5,21).

> *Christus hat uns losgekauft von dem Fluch des Gesetzes, in dem er ein Fluch für uns geworden ist – denn es steht geschrieben: „Verflucht ist jeder, der am Holz hängt"* (Gal 3,13).

Es kann sein, dass dir Gott eine bestimmte Aufgabe gibt. Aber deine Werke werden dich niemals erlösen. Deine Erlösung ist Vergangenheit; vollbracht durch Jesus Christus. Das Gesetz wurde erfüllt durch das Blut des Lammes.

Die einzige Möglichkeit, an dieser Erfüllung teilzuhaben, besteht im Glauben an den Erlöser – dem Glauben, dass er es war, der errettet, erlöst, gerechtfertigt, geheilt, befreit hat; dass er heiligt; dass er verherrlichen wird. Es ist der Glaube an sein vollendetes Werk. Er ist der Retter, der Erlöser und derjenige, der uns rechtfertigt.

Wir sind durch den Glauben gerechtfertigt.

Demut

Die Beziehung, die wir zu unserem Erlöser haben, ist eine wahrlich demütigende – denn wir können uns nicht selbst retten oder uns in irgendeiner Hinsicht selbst verbessern, damit wir wohlgefälliger werden. Je mehr wir selbst versuchen, uns wohlgefälliger zu machen, desto unannehmbarer werden wir. Je mehr wir erkennen, wie unannehmbar wir sind, desto mehr kommen wir dahin, dass uns vergeben werden kann und dass wir unser Vertrauen auf ihn setzen können, der uns erlöst hat. Wir können weder uns selbst noch andere retten.

Es geschieht durch Demut und Zerbrochenheit, dass wir in das Reich Gottes gelangen. Jesus erniedrigte sich selbst bis an den Punkt, wo er *„in Gestalt Gottes war und es nicht für einen Raub achtete, Gott gleich zu sein. Aber er machte sich selbst zu nichts und nahm Knechtsgestalt an …“* (Phil 2,6-7).

Seine Demut machte die Tatsache seiner Gottheit nicht unwirksam. Vielmehr zeigt er uns dadurch den Weg zu ihm. Er ist das Vorbild. Er wurde ganz Mensch, damit wir Gott sehen, Gott erkennen und zu Gott kommen können.

Durch Jesus, der uns auf unserer Ebene begegnete, können wir uns nun Gott nähern. Darum steht in Hebräer 12,18-24: *„Wir sind nicht gekommen zu dem Berg, der betastet werden konnte …“*, aber *„zum Berg Zion“*. Das heißt, wir sind nicht unter das Gesetz Gottes gekommen, sondern unter die Gnade. Wir sind nicht unter den Zorn gekommen, sondern unter die Barmherzigkeit.

Deshalb wollen wir nicht fortfahren, Gottes Gnade zunichte zu machen, indem wir sündigen, wo wir doch durch das Blut Jesu von der Gebundenheit an die Sünde freigesetzt wurden.

Jesus ist die Tür für die Schafe. Jeder, der durch eine andere Tür gehen will, ist ein Dieb und ein Räuber (vgl. Joh 10,1.9).

Der Brandopferaltar

Der äußere Vorhof mit dem Brandopferaltar, auf dem die Tiere getötet wurden, deutete diesen Erlöser-Gott an, der in Menschengestalt kam, um sein kostbares Blut als Sühnung für die Sünden der Welt zu vergießen – das Lamm Gottes ohne Flecken und Makel.

Über dieses Lamm schrieb Johannes in Offenbarung 5,9: *„Und sie singen ein neues Lied und sagen: Du bist würdig, das Buch zu nehmen und seine Siegel zu öffnen; denn du bist geschlachtet worden und hast durch dein Blut für Gott erkauft aus jedem Stamm und jeder Sprache und jedem Volk und jeder Nation.“*

Jesus, das Lamm Gottes, war das fleischgewordene Wort (vgl. Joh 1,1.4). Das Wort Gottes ist das Gesetz Gottes. Durch seine Geburt, sein geheiligtes Leben, seinen Tod, sein Begräbnis und seine Auferstehung erfüllte er, der das Gesetz war, die gerechten Anforderungen des Gesetzes.

„Denn aus Gnade seid ihr errettet durch Glauben, und das nicht aus euch, Gottes Gabe ist es“ (Eph 2,8-10).

Das Bronzebecken

Zwischen der Stiftshütte und dem Brandopferaltar war ein Bronzebecken aufgestellt. Es wurde mit Wasser gefüllt, und die Priester sollten sich dort die Hände und Füße waschen, bevor sie die Stiftshütte (das Zelt der Begegnung) betraten und bevor sie sich dem Altar näherten, um dem Herrn die Brandopfer darzubringen (vgl. 2 Mo 30,17-21).

Ich glaube, dass diese Waschungen die Taufe im Wasser unter dem Neuen Bund andeuteten: *„... jeder von euch lasse sich taufen auf den Namen Jesu Christi zum Erlass (zur Vergebung) eurer Sünden ...“* (Apg 2,38). Der Apostel Paulus berichtete während seiner Verteidigung in Jerusalem über seine Bekehrungserfahrung und zitierte Ananias, der gesagt hatte: *„... Steh auf, lass dich taufen und* ***deine Sünden abwaschen,*** *indem du seinen Namen anrufst“* (Apg 22,16).

Indem wir durch das Lebensopfer von Jesus und das Vergießen seines Blutes gerettet, erlöst, gerechtfertigt und **gereinigt** worden sind, sind wir wiedergeboren worden (vgl. Joh 3,3-7). Wir sind in Jesus Christus zu einer neuen Schöpfung gemacht worden (vgl. 2 Kor 5,17) und haben diesen göttlichen Schatz des ewigen Lebens in uns (vgl. Joh 6,47).

Wir sind in das Königreich Gottes hineingeboren worden, wir sind Babys in Christus, Kinder Gottes, Erben und zusammen mit Christus Erben, die im Hause Gottes, des Vaters, leben – Söhne Gottes, Brüder und Schwestern im HERRN. Die Wassertaufe ist mit dem Dienst im äußeren Vorhof ganz entscheidend verknüpft. In Kapitel 5 schreibe ich noch ausführlicher über die Taufe.

Die Erlösung: der Beginn der Errettung

Dass wir durch das Blut des Lammes erlöst sind, ist die evangelikale Botschaft der Gemeinde an die Welt. Die Erlösung ist der Beginn der Errettung, zu der wir alle berufen sind.

Jesus Christus ist unser Erlöser, derjenige, der uns rechtfertigt, und er ist unser Retter, der zur Versöhnung (Friedensstiftung, Schlichtung) für unsere Sünden wurde – unser Stellvertreter am Kreuz.

Wir glauben an ihn. Wir setzen unser Vertrauen in ihn. Wir bleiben in ihm, wie er in uns bleibt, und durch ihn haben wir das ewige Leben mit dem Vater. Von dieser Tatsache kann nichts weggenommen werden. Das ist der Beginn unserer Errettung.

Aber Gott möchte in seinem Volk eine Vervollkommnung der Heiligen wirken; ein Weitergehen von Glaube zu Glaube, von Herrlichkeit zu Herrlichkeit; ein Wachsen in ihn hinein. Die Bibel betrachtet uns, die wir glauben, als Gottes Bauwerk. Diese Entsprechung hilft uns zu verstehen, dass die Erlösung nur der Beginn seines Heiligungsprozesses ist.

Aber Gott hat einen Plan für den Bau seines Hauses. Gott der Vater ist der Große Architekt seines Gebäudes. Er allein besitzt den Bauplan. *„Wenn der Herr das Haus nicht baut, arbeiten seine Erbauer vergebens daran“* (Ps 127,1).

Wir sind Gottes Haus, sein Bauwerk (vgl. 1 Kor 3,9), lebendige Steine (vgl. 1 Petr 2,5), die es in Liebe aufbauen (vgl. Eph 4,16).

Wir bauen auch mit, mit dem Heiligen Geist Gottes, der der Bauherr und der Verwalter von Gottes Bauprojekt ist.

Jesus ist das Vorbild. Wenn das Haus fertiggestellt ist, werden wir alle ihm gleich sein (vgl. Eph 4,13).

Das Endziel der Erlösung besteht darin, dass Christus in uns Gestalt annimmt (vgl. Gal 4,19).

Die ausrüstenden Dienstgaben (Apostel, Prophet, Evangelist, Pastor und Lehrer) sind dazu da, die Heiligen für das Werk des Dienstes zu vervollkommnen, damit der Leib Christi aufgebaut wird (vgl. Eph 4,11-12). Die Gaben des Heiligen Geistes (vgl. 1 Kor 12) sind uns als Werkzeuge für diesen Prozess der Vervollkommnung und des Aufbaus geschenkt.

Diese Werkzeuge werden vergehen. Sie dienen keinem Selbstzweck, sondern sind Instrumente in Gottes Händen, um seinen heiligen Plan mit der ganzen Menschheit zu vollenden. Wenn erst einmal sein Haus aufgebaut ist, werden die Werkzeuge nicht mehr gebraucht. Das Vollkommene wird da sein (vgl. 1 Kor 13,10). Das Vollkommene ist jene *„volle Mannesreife* [wobei dieser Mann aus vielen Gliedern besteht], *das Vollmaß des Wuchses aus der Fülle Christi* [gemäß seinem Vorbild]" (Eph 4,13).

> *Denn wir sind sein [Gottes] Gebilde, in Christus Jesus geschaffen zu guten Werken, die Gott zuvor bereitet hat, damit wir in ihnen wandeln sollen* (Eph 2,10).

So wie Jesus das Vorbild für uns war, sollen wir, sobald wir seine göttliche Natur **in** uns aufnehmen, seine göttliche Natur **annehmen,** um lebendige Briefe zu werden: *„Unser Brief seid ihr, eingeschrieben in unsere Herzen, erkannt und gelesen von allen Menschen; von euch ist offenbar geworden, dass ihr ein Brief Christi seid, ausgefertigt von uns im Dienst, geschrieben nicht mit Tinte, sondern mit dem Geist des lebendigen Gottes; nicht auf steinerne Tafeln, sondern auf Tafeln, die fleischerne Herzen sind"* (2 Kor 3,2.3).

Die größeren Werke Gottes

Wir sind sein Leib – seine Füße, seine Hände, sein Mund, sein Herz, sein Denken – in der Welt von heute. Wir sollen das fortsetzen, was er auf der Erde getan hat, mit der Ausnahme, dass wir nicht nur zu seinem irdischen Dienst berufen sind, sondern auch seine Auferstehungskraft haben – das heißt das Geschenk des Heiligen Geistes. Er sprach: *„Es ist euch nützlich, dass ich weggehe, denn wenn ich nicht weggehe, wird der Beistand nicht zu euch kommen; wenn ich aber hingehe, werde ich ihn zu euch senden"* (Joh 16,7).

Da er das schon im Voraus wusste, erklärte er:

> *... Wer an mich glaubt, der wird auch die Werke tun, die ich tue, und wird größere als diese tun, weil ich zum Vater gehe* (Joh 14,12).

Wir sind die größeren Werke Gottes – nicht unbedingt in dem, was wir tun – denn es scheint unwahrscheinlich, dass wir größere Werke vollbringen können als er. Aber die größeren Werke, die wir tun, sind sicherlich die größeren Werke, die er in uns getan hat, in uns tut, und die er in uns in seinem Werk der Erlösung, der Heiligung und der Verherrlichung noch vollenden wird.

Wir **sind** *„zum Preise der Herrlichkeit seiner Gnade"* (vgl. Eph 1; 6,12.14) – nicht durch unsere Werke, sondern durch seine Werke in uns.

Deshalb leben wir unser Leben als Gekreuzigte *„im Glauben an den Sohn Gottes, der [mich] geliebt und sich selbst [für mich] hingegeben hat"* (Gal 2,20).

Wenn wir also hoffen, zu dieser Schar von Gekreuzigten zu gehören, bittet er uns durch seine Gnade, dass wir *„unsere Leiber als ein lebendiges, heiliges, Gott wohlgefälliges Opfer darstellen, was unser vernünftiger Gottesdienst ist"* (Röm 12,1).

Wir verkörpern ihn in der Welt – wir sind seine Botschafter (vgl. 2 Kor 5,20). Unser Leben soll die Macht seiner Herrschaft widerspiegeln, um andere Menschen von Sünde zu überführen und zur Buße zu rufen, auf dass auch sie in den Weg, die Wahrheit und das Leben (vgl. Joh 14,6) – Jesus Christus, den Herrn – eintreten.

KAPITEL 5

Heiligung

Gott hat uns zu weit mehr berufen, als nur seine Erlösung zu empfangen, sodass wir in den Himmel kommen, wenn wir sterben.

Bedenken Sie: Die wahre Gemeinde ist ein gehorsames Volk.

Dies ist ein hartes, aber wahres Wort. Sein Fleisch essen und sein Blut trinken (vgl. Joh 6,53-56) bedeutet, dass wir unser eigenes Leben vollständig für ihn niederlegen, damit er in unserem Leben seinen absoluten und vollkommenen Willen zur Erfüllung bringen kann. Nichts anderes ist von Bedeutung.

Jesus ist der wahre Diener. Er gab sich völlig dem Vater hin, um seinen Willen zu erfüllen. Es war der Wille des Vaters, der ihn nach Gethsemane führte. Es war der Wille des Vaters, der ihn vor Kaiphas und Pilatus führte. Es war der Wille des Vaters, der ihn an ein grauenhaftes römisches Kreuz nagelte. Es war der Wille des Vaters, dass er am Kreuz starb und sein unbeflecktes Blut für die Sünden einer befleckten Welt vergoss.

Die wahre Gemeinde – die wahren Jünger – sind jene, die die Malzeichen seiner Dienerschaft (vgl. Gal 6,17) tragen, die sich der Sünde gegenüber als tot betrachten, sodass er als unumschränkter HERR in ihrem Leben herrschen und regieren kann.

Die wahre Gemeinde ist ein gehorsames Volk.

Drei Dimensionen des Menschen

Der Mensch besteht aus drei Dimensionen. Er ist eine lebendige Seele mit einem Geist und wohnt in einem Körper aus Fleisch. Er wurde in seinem Geist erlöst und wird nun in seiner Seele, die aus dem Verstand, dem Willen und den Gefühlen besteht, erneuert. Sein Körper dagegen ist ehrlos und gefallen und nur für das Grab und die Verwesung bestimmt. Erst bei der großen Auferstehung der Toten werden die Heiligen von Gott in Bezug auf ihren Leib erlöst. Zu diesem Zeitpunkt werden sie ihren verherrlichten Leib empfangen (vgl. 1 Kor 15,35-50).

Diese drei Dimensionen kann man wieder mit den drei Festen Israels und den drei Höfen der Stiftshütte in Beziehung setzen. Gottes Wirken vollzieht sich von innen nach außen: Der Geist des Menschen **ist** in der Erfüllung des Passah erlöst und gerechtfertigt. Die Seele (Persönlichkeit) des Menschen **wird jetzt** in der Erfüllung von Pfingsten Tag für Tag erneuert und geheiligt. Später, wenn sich das Laubhüttenfest erfüllt, werden seine Heiligen ihren verherrlichten Leib (vgl. 1 Kor 15,49.52) erhalten, wenn sie entrückt und zu ihm versammelt werden (vgl. 1 Thess 4,17).

Alle Heilungen, die an unserem derzeitigen menschlichen Körper geschehen, sind nur vorübergehender Natur: „*... wenn auch unser äußerer Mensch aufgerieben wird, so wird doch der innere Tag für Tag erneuert*" (2 Kor 4,16).

Geistliches Wachstum

Ich komme jetzt auf die Seele bzw. Persönlichkeit (den inneren Menschen) eines Menschen zu sprechen, dessen menschlicher Geist erlöst wurde.

Da er erlöst wurde, ist er nun eine neue Schöpfung in Jesus Christus (vgl. 2 Kor 5,17). Er ist ein Baby in Christus. Er soll „*in allem hinwachsen zu ihm, der das Haupt ist, Christus*" (Eph 4,15). Er soll zur Reife kommen.

Er soll zu ihm hinwachsen, das heißt, hin zu Jesus Christus. Er soll die Natur seines Vaters annehmen. Er soll in das Bild des Sohnes umgestaltet werden (vgl. Röm 8,29). Die Umgestaltung geschieht durch die Erneuerung seines Sinnes, damit er prüfen kann, was der wohlgefällige und vollkommene Wille Gottes ist (vgl. Röm 12,2).

In ihm hat ein Prozess begonnen, der ihn nach vorne und nach oben in die hohe Berufung Gottes in Christus bringen soll (vgl. Phil 3,14).

Die einzige Möglichkeit, in diese Berufung nach oben hineinzugelangen, besteht in der Taufe im Heiligen Geist und im Feuer. So verlassen wir jetzt den äußeren Vorhof des Passahfestes und betreten das Heiligtum von Pfingsten. Das als Opfer vergossene Blut des Lammes tragen wir bei uns. Denn jetzt brauchen wir die in uns wirkende Kraft seiner Herrschaft.

Drei Taufen

Wir haben gewissermaßen eine dreimalige Taufe:

> *Deshalb wollen wir das Wort vom Anfang des Christus lassen* ***und uns der vollen Reife zuwenden*** *und nicht wieder einen Grund legen mit der Buße von toten Werken und dem Glauben an Gott, der Lehre von* ***Waschungen*** (Hebr 6,1.2).

Beachten Sie, dass Waschungen in der Mehrzahl steht.

1. Die Taufe im Wasser

Wir werden im Wasser getauft, und das ist unser erster Gehorsamsschritt, wenn wir zum Glauben an Christus gekommen sind. Die Kinder Israel vollzogen das symbolisch, als sie aus Ägypten (der Welt) durch das Rote Meer in die Wüste (eine Zeit der Prüfung und Zubereitung) zogen. Die Heilige Schrift erklärt, dass *„alle auf Mose getauft wurden"* (1 Kor 10,2). Das Waschbecken im Vorhof stellt diese Taufe (Waschung) als Sinnbild für die Erlösung dar.

Die Zeugen des Pfingstgeschehens fragten, was sie tun sollten. Petrus antwortete schlicht und einfach: *„Tut Buße, und jeder von euch lasse sich taufen auf den Namen Jesu Christi zur Vergebung eurer Sünden ..."* (Apg 2,38). Das ist das Erste, was jeder neue Gläubige tun muss.

Die Taufe im Wasser bezieht sich auf das Abwaschen der Sünden. In Apostelgeschichte 22,16 legt der Apostel Paulus Zeugnis über seine Bekehrung ab und zitiert, wie ihm Ananias befahl:

„Steh auf, lass dich taufen und ***deine Sünden abwaschen,*** *indem du seinen Namen anrufst."*

Jeder Gläubige kann einen anderen Gläubigen im Wasser taufen. Die Taufe im Wasser stellt unsere Taufe in Jesus hinein dar: in seinen Tod, sein Begräbnis und seine Auferstehung hinein (vgl. Röm 6,4).

2. Die Taufe in den Heiligen Geist

Diese zweite Taufe, die Taufe in den Heiligen Geist, kann nur durch Jesus selbst geschehen. Johannes der Täufer verkündigte öffentlich: *„Ich zwar taufe euch mit Wasser zur Buße; der aber nach mir kommt ... er wird euch mit Heiligem Geist und Feuer taufen"* (Mt 3,11).

Zum ersten Mal geschah das am Pfingsttag, wie es in Apostelgeschichte 2 beschrieben ist. Jesus selbst sagte ihnen, sie sollten so lange in Jerusalem warten, bis sie die Verheißung des Vaters empfingen. An diesem Zeitpunkt würden sie in den Heiligen Geist getauft (eingetaucht) werden (vgl. Apg 1,4.5). *„Aber ihr werdet Kraft empfangen, wenn der Heilige Geist auf euch gekommen ist ..."* (Apg 1,8).

Der Heilige Geist ist uns mit der ausdrücklichen Absicht gegeben, uns die Macht seiner Herrschaft zu geben. Wenn Jesus Christus wirklich und nicht nur dem Munde nach HERR sein soll, muss man durch den Heiligen Geist dazu bevollmächtigt werden, man muss unbedingt in den Heiligen Geist Gottes eingetaucht werden. Daher rührt die Kraft. Es ist unerlässlich, vom äußeren Vorhof des Passah zum Heiligtum von Pfingsten weiterzugehen.

Wer erhofft, dass dieser Prozess der Erneuerung, dieses Wachstum zu **ihm** hin, stattfindet, muss sich selbst demütigen und dieses Eintauchen in den Heiligen Geist empfangen.

Es reicht nicht, immer noch mehr aus der Bibel zu lernen. Es reicht nicht, klar festgelegte Lehren zu haben. Es reicht nicht, wenn wir jeden Tag unseres Lebens fromm leben. Es reicht nicht, am Sonntag ausdrucksvolle Predigten zu hören, im Chor zu singen, in der Sonntagsschule zu unterrichten, die Kranken zu besuchen, und so weiter und so fort.

Ein Mensch wird den Herrn nicht sehen, es sei denn, es geschieht ein Wandel in seiner Seele, es sei denn, er lässt sich von innen heraus zur Heiligkeit vervollkommnen.

Wer diese Taufe ablehnt, wird sich damit begnügen müssen, zu jenen gezählt zu werden, über die die Heilige Schrift sagt: „*Sie haben eine Form der Gottseligkeit, verleugnen jedoch deren Kraft*“ (2 Tim 3,5).

3. Die Taufe in sein Leiden hinein

Wir werden zuerst in Jesus hineingetauft, wie es durch die äußerliche Handlung der Wassertaufe ausgedrückt wird. Zweitens werden wir in den Heiligen Geist und ins Feuer getauft, sodass wir seine Kraft empfangen, in seine Herrschaft hineinzugehen. Dann wird uns drittens durch die Taufe in den Heiligen Geist und ins Feuer der Weg bereitet, dass wir in seine Leiden hineingetauft werden. Wir haben Anteil an seinen Leiden. Der Heilige Geist vollzieht die Taufe des Leidens in unserem Leben.

Matthäus 20,20-23 berichtet darüber, dass die Mutter von Jakobus und Johannes Jesus einmal fragte, ob er ihren Söhnen gestatten würde, dass in seinem Reich einer zu seiner Rechten und einer zu seiner Linken sitzen möge. Jesus antwortete:

> *„Ihr wisst nicht, um was ihr bittet. Könnt ihr den Kelch trinken, den ich trinke, und mit der Taufe getauft werden, mit der ich getauft werde?“ Sie sagen zu ihm: „Wir können es.“ Und er spricht zu ihnen: „Meinen Kelch werdet ihr zwar trinken und mit der Taufe getauft werden, mit der ich getauft werde ...“*

Jesus nahm hier kein Blatt vor den Mund. Sie verstanden sehr wohl, dass diese Taufe mit einem Leiden bis hin zum Tod zu tun hatte, einer Teilhabe an seinem Tod (vgl. Mt 20,18).

So groß ist die Hingabe der Überwinder: „*Und sie haben ihn überwunden wegen des Blutes des Lammes und wegen des Wortes ihres Zeugnisses, **und sie haben ihr Leben nicht geliebt bis zum Tod***“ (Offb 12,11).

Nach Lukas 22,31-34 warnte Jesus Petrus, der Satan habe seiner begehrt, ihn zu sichten wie den Weizen. Dann tröstete er

Petrus, indem er ihm sagte, dass er für ihn gebetet habe, dass sein Glaube nicht aufhöre.

Petrus brüstete sich: *„Herr, mit dir bin ich bereit, auch ins Gefängnis und in den Tod zu gehen.“* Petrus glaubte wirklich, dass er bereit sei.

Dann sagte Jesus zu Petrus, dass er (Petrus) ihn verleugnen werde, ehe der Hahn an diesem Tag dreimal gekräht haben würde.

Und Petrus verleugnete ihn tatsächlich dreimal.

In Johannes 21,15-19 lesen wir, dass Jesus Petrus rehabilitierte. Der ursprüngliche griechische Wortlaut dieses Ereignisses lässt etwas sehr Interessantes zwischen den beiden erkennen.

Zuerst fragte Jesus Petrus, ob er ihn liebe. Im Griechischen wird das Wort *agapeo* für diese Liebe verwendet, die in sich den Gedanken der Selbstverleugnung trägt.

Das griechische Wort, das verwendet wird, um Petrus' Antwort wiederzugeben, lautet *phileo*; dies bedeutet eine eher brüderliche, herzliche, seelische, eigennützige Liebe. Seine Antwort bezeichnete also nicht die sich selbst verleugnende Art von Liebe.

Jesus fragte ein zweites Mal. *„Simon, Sohn des Johannes, hast du mich lieb [agapeo]?“*

Und Petrus antwortete zum zweiten Mal mit *phileo*, als wollte er sagen: „Du weißt, dass ich dich herzlich lieb habe“.

Dann fragte Jesus beim dritten Mal: *„Hast du mich lieb [phileo]?“* So, als wollte er fragen, ist das wirklich alles?

Nachdem Simon schon einmal versagt hatte, konnte er nicht mehr länger so sicher auftreten, wie es der Anspruch von *agapeo* erfordert. Er konnte nur mit herzlicher Liebe antworten.

Simon wünschte sich so sehr, sagen zu können „Ja, wahrhaftig, Herr“, aber er wusste, dass seine eigene Kraft nicht ausreichen würde, ein solches Gelübde abzulegen.

Dann sagte der geliebte Jesus zu Petrus (in den Versen 18 und 19): *„Wahrlich, wahrlich, ich sage dir: Als du jünger warst, gürtetest du dich selbst und gingst, wohin du wolltest, wenn du aber alt geworden bist, wirst du deine Hände ausstrecken, und ein anderer wird dich gürten und dich hinbringen, wohin du nicht willst. Dies aber sagte er, um anzudeuten, mit welchem Tod* *er Gott verherrlichen sollte. Und als er dies gesagt hatte, spricht er zu ihm: Folge mir nach.“*

Mit diesem „Folge mir nach“ berief Jesus hier Petrus dazu, ihm nicht nur ein kleines Stück, sondern in den Tod zu folgen.

Petrus' frühere Überheblichkeit wurde später Gottes Verheißung. Und am Ende seines Lebens und Dienstes ging Petrus nicht nur ins Gefängnis, sondern tatsächlich in den Tod und folgte damit seinem Herrn in diese Taufe des Leidens. Durch diese Taufe ging er jedoch nicht zu einem selbst gewählten Zeitpunkt oder aus eigener Kraft – er konnte es **nur mit Gottes Kraft** zu **Gottes Zeitpunkt** tun!

Jesus lernte durch die Dinge, die er erlitt, Gehorsam (vgl. Hebr 5,8). *„Und der Gestalt nach wie ein Mensch erfunden, erniedrigte er sich selbst und wurde gehorsam bis zum Tod, ja zum Tod am Kreuz“* (Phil 2,8).

Durch die Dinge, die wir erleiden, durch unser Teilhaftigwerden an seinem Leiden, werden wir in den Gehorsam, in die Dienstbereitschaft und in die Sohnschaft geführt.

Kinder, Söhne und Väter

Wenn wir betrachten, wie wir in die Sohnschaft hineingeführt werden, sehen wir wieder einmal, welche Rolle die Zahl Drei im ganzen Ablauf spielt. In der Bibel hat die Zahl Drei in der Regel die Bedeutung der Vollständigkeit einer Offenbarung.

In 1. Johannes 2,12-14 ist die Rede von Kindern, Söhnen und Vätern. Väter konzentrieren sich auf die Kinder. Sie kümmern sich um die Kinder. Söhne konzentrieren sich auf die Väter. Sie kümmern sich um die Dinge, die mit dem Vater zu tun haben. Sie wollen seinen Willen erfüllen. Aber es ist bezeichnend für die Kinder, dass sie selbstsüchtig sind. Und genauso verhält es sich im Reich Gottes.

Wer im Vorhof bleibt, gehört zu den Kindern. Wer zum Heiligtum weitergeht, gehört zu den Söhnen. Wer den Bereich der Reife im Allerheiligsten erreicht, nimmt das Wesen des Vaters an. Er gleicht Abraham.

Da wir einmal Kinder waren, verlieren wir nie diese kindliche Wesenhaftigkeit. Nur so können wir ins Reich Gottes kommen. Wir werden als Babys in das Reich Gottes hineingeboren. Wenn wir einmal Söhne waren, geht uns auch das nie verloren. Sogar als Väter behalten wir die bevorzugte Stellung, Kinder im Hause Gottes unseres Vaters zu sein; und wir bleiben Diener als Söhne im Hause Gottes des Vaters. Alle drei Wesenszüge bleiben. Aber wir sollen weiter an Reife zunehmen und in ihn hineinwachsen.

> *Als ich ein Kind war, redete ich wie ein Kind, dachte wie ein Kind, urteilte wie ein Kind; als ich ein Mann wurde, tat ich weg, was kindlich war* (1 Kor 13,11).

Die Taufe im Heiligen Geist

Als Kinder sind wir ichbezogen. Wir werden der Züchtigung durch den HERRN ausgesetzt, der uns so zur Reife führen will (Hebr 12,5-11).

Wenn wir diese Züchtigung vorsätzlich gering achten und dadurch Gottes Vorgehensweise, wie er uns in sich hinein erzieht, ablehnen, bleiben wir egoistisch und verfehlen so das ganze Konzept der Jüngerschaft.

Wenn wir egoistisch sind, sind wir weltlich, fleischlich.

Wenn wir fleischlich sind, sind wir Götzendiener. Wir vergöttern unser eigenes Ich und folgen unserem Eigenwillen, anstatt uns Gottes Willen hinzugeben.

Wenn wir Götzendiener sind, betreiben wir Hurerei. In der Bibel wird jeglicher Götzendienst als geistliche Hurerei betrachtet – Hurerei hinter anderen Göttern her. Geistliche Hurerei ist alles das, was unserem eigenen Ich zugute kommt.

Bedenken Sie, wen Christus bei seiner Wiederkunft abholt: *„Denn er möchte sie [die Gemeinde] zu einer Braut von makelloser Schönheit machen, die heilig und untadelig und ohne Flecken und Runzeln oder irgendeine andere Unvollkommenheit vor ihn treten kann“* (Eph 5,27 NGÜ). Er holt ein Volk ab, das von der Sünde, dem Eigennutz, der Welt und dem Reich des Satans abgesondert wurde. Die Braut ist gemeint, wenn es in Offenbarung 19,7 heißt *„... sein Weib hat sich bereit gemacht".*

Christus kommt weder für eine Hure noch für ein Volk mit hurerischem Herzen noch für eine rebellische Braut. Er kommt zu denen, und wird die zu sich versammeln, deren Augen nur auf ihn gerichtet sind, die mit radikalem Eifer danach streben, ihm zu folgen, wohin er auch geht (vgl. Offb 14,4).

Die wahre Gemeinde ist ein gehorsames Volk.

Die einzige Möglichkeit, an diesen Ort des Gehorsams zu kommen, besteht in der Taufe in den Heiligen Geist und ins Feuer hinein. Es ist die Taufe „in" den Heiligen Geist „hinein". Wir werden eingetaucht, gefüllt, durchdrungen, durchtränkt, erfüllt mit dem Heiligen Geist Gottes.

Wer wollte das bzw. ihn nicht haben! Wenn die Absichten unseres Herzens rein sind, brauchen wir ihn nur darum zu bitten.

Hier geht es weder um eine Lehre, die zur Diskussion steht, noch um eine Erfahrung, die man anstreben oder ablehnen kann. Die Taufe ist eine Beziehung zu Gott in der Kraft seines heiligen, göttlichen Geistes.

Er, der Geist der Wahrheit, ist die Kraft, die uns vorantreibt, hinein in die hohe Berufung Gottes in Christus. Du kannst das Allerheiligste des Laubhüttenfestes nicht betreten, ohne dass du vorher deinen Dienst im Heiligtum von Pfingsten getan hast.

Die Taufe im Wasser findet im Vorhof des Passahfestes statt. Die Taufe in den Heiligen Geist und ins Feuer findet im Heiligtum von Pfingsten statt. Beide Taufen haben das geistliche Endziel, uns zu der einzigen Taufe zu führen, die wirklich zählt – die Taufe in Jesus hinein, wo wir ganz und gar mit ihm gekreuzigt und in ihm erhöht werden – wo wir sozusagen zu ihm geworden sind.

> *Ich bin mit Christus gekreuzigt, und nicht mehr lebe ich, sondern Christus lebt in mir; was ich aber jetzt im Fleisch lebe, lebe ich im Glauben an den Sohn Gottes, der mich geliebt und sich selbst für mich hingegeben hat* (Gal 2,20).

Die Taufe in den Heiligen Geist Gottes bedeutet die Erfüllung mit seinem Lobpreis, seiner Kraft, seinen Zielen, seinen Plänen, seinem

Programm, seinem Prozess der Vervollkommnung, seiner Reinigung, seiner Läuterung ... mit allem von ihm.

Dies ist der Prozess der Heiligung, ohne die wir den HERRN nicht schauen werden (vgl. Hebr 12,14).

Passah, Pfingsten und Laubhüttenfest im Vergleich

Bevor wir dieses Kapitel abschließen, wollen wir noch ansehen, wie dieser Heiligungsprozess und die drei Festtage zusammenhängen.

Heilung und Befreiung erhalten wir am Passahfest (und nicht an Pfingsten, wie viele Pfingstler annehmen).

Das Passahfest ist das Kreuz. Das Kreuz ist das niedergelegte Leben. Viele predigen eine Errettung ohne das Kreuz. Es gibt jedoch keine Errettung außer der Errettung durch das Kreuz, d. h. das niedergelegte Leben. Eine Errettung ohne das Kreuz zu predigen, entspricht nicht dem wahren Evangelium.

Pfingsten ist die Kraft des Passah. Wir müssen in den Heiligen Geist und in Feuer getauft (eingetaucht) werden, damit wir das gekreuzigte Leben leben können. Der uns innewohnende Heilige Geist ermöglicht es uns, dass wir unter der Herrschaft Jesu Christi leben können.

Passah ohne Pfingsten ist Gesetz. Jesus ist das in unser Herz eingeschriebene Gesetz. Sein Leben in uns befähigt uns, gemäß diesem vollkommenen Gesetz der Freiheit zu leben. Deshalb schenkte er uns seinen Heiligen Geist, damit wir die Kraft aus der Höhe anziehen können. Den Jesus des Passah anzunehmen, aber den Heiligen Geist von Pfingsten abzulehnen, bedeutet, zu wissen, was richtig ist, aber nicht die Kraft zu haben, das zu tun, was richtig ist. Deshalb bleiben wir unter dem Gesetz. So bleibt uns nur die Möglichkeit, aus unserer eigenen Kraft zu tun, was richtig ist.

Pfingsten ohne Passah ist dagegen ein Täuschung. Wenn wir nicht verstehen, dass Pfingsten die Kraft des Passah ist, neigen wir dazu, nur nach den „Segnungen" zu trachten. Wir begehren die Gaben um ihrer selbst willen. Diese werden zum Selbstzweck. Aber der Heilige Geist ist uns gegeben, damit wir ihn (Jesus) und die Kraft seiner Auferstehung erkennen.

Pfingsten wird immer nach vorn auf das Laubhüttenfest hinweisen, welches die Fülle des Passah, also des Kreuzes und des niedergelegten Lebens, ist.

Heilung und Befreiung geschehen ohne das Kreuz nur oberflächlich. Wir werden nicht geheilt und befreit, weil wir in den Heiligen Geist und in das Feuer getauft (eingetaucht) worden sind, sondern weil wir gestorben sind und unser Leben mit Christus in Gott verborgen ist (vgl. Kol 3,3).

Das Laubhüttenfest steht dafür, dass wir in Jesus hineinversammelt werden. Wir sehen jetzt schon die ersten Früchte dieses historischen Ereignisses. Die Erfüllung von Passah und Pfingsten ist bereits geschehen, die Erfüllung des Laubhüttenfestes steht aber noch aus.

Das Laubhüttenfest ist das Ziel oder die Vollendung des Passah. Dies wird durch Pfingsten ermöglicht. Die Errettung kommt zum Schluss. Sie wird beim Laubhüttenfest vollzogen.

Kapitel 6

Agape: Das gekreuzigte Leben

Gottes Liebe zum Menschen

Der gläubige Christ steht mit Gott in einer göttlichen Beziehung.

Diese Beziehung wird im Geist Gottes geboren und gründet sich auf die Liebe Gottes.

Gottes Liebe war aufopferungsvoll. Jesus Christus selbst gab dem Begriff *agape,* dem griechischen Wort für Liebe, die eigentliche Bedeutung. Es ist eine Liebe, die gibt, bis es keinen Grund zu geben mehr gibt. Es ist eine Liebe, die über die eigenen egoistischen Interessen hinausgeht.

> *Denn* ***so*** *hat Gott die Welt geliebt, dass er seinen eingeborenen Sohn gab, damit jeder, der an ihn glaubt, nicht verloren gehe, sondern das ewige Leben habe* (Joh 3,16).

Gott liebte so sehr, dass er sein Äußerstes gab – sich selbst.

Gottes höchster Wille ist es, seinen Geschöpfen sein göttliches Leben und Wesen zu geben, sodass sie werden, wie er ist: heilig und gerecht.

Damit sich auch ja kein Mensch in seiner eigenen persönlichen Einschätzung, er sei irgendetwas wert, überhebt, gründete Gott seine Errettung des Menschen auf seine eigene Liebe, Barmherzigkeit und Gnade. Wenn wir auf diese Weise völlig von Gott abhängig sind, können wir niemals auf die Idee kommen, wir wären in irgendeiner Weise selbst Götter.

Gott beschloss, uns von uns selbst zu erlösen – uns, die wir nur auf Selbstzerstörung aus sind –, indem er uns so sehr liebte, indem er sich uns so vollkommen hingab – und das, obwohl wir das überhaupt nicht verdient hatten (vgl. Röm 5,8).

Das ist letztendlich die Grundlage für *agape:* Einer schenkt einem anderen, der dies nicht verdient hat, in Gnade und Barmherzigkeit sein eigenes Leben.

Die Liebe des Menschen zu Gott

Nachdem wir durch das Blut des Lammes würdig gemacht und durch das göttliche Geschenk seines Heiligen Geistes mit dem Leben und der Kraft Gottes erfüllt worden sind, lernen wir eine noch tiefere Bedeutung von *agape* kennen.

Da wir nun das Vorbild des vollkommenen Gottes haben, der sich dem unvollkommenen Menschen in Gnade und Barmherzigkeit hingibt, ist nun der unvollkommene Mensch aufgerufen, ja, es wird ihm befohlen, sich im Gegenzug selbst dem vollkommenen Gott hinzugeben. Der Mensch hat Gottes *agape* nicht verdient. Gott dagegen ist unserer *agape* überaus würdig.

> *Ich ermahne euch nun, Brüder, durch die Erbarmungen Gottes, eure Leiber darzustellen als ein lebendiges, heiliges, Gott wohlgefälliges Opfer, was euer vernünftiger Gottesdienst ist* (Röm 12,1).

Gott bot sich am Kreuz als ein Opfer bis zum Tod dar – er gab, bis es keinen Grund zu geben mehr gab. Wir dagegen sollen uns ihm als ein Opfer für das Leben darbieten – indem wir alles von uns hingeben, bis wir nichts mehr zu geben haben.

Wir sollen unser eigensüchtiges Leben aufgeben, indem wir an seinem Tod und Begräbnis teilhaben (vgl. Röm 6,4), damit sein Leben in und durch uns gelebt wird (vgl. Gal 2,20).

So ist die einzig gültige, Leben spendende Beziehung, die wir zu Gott haben können und die Gott wohlgefällig ist, jene, die sich auf *agape* gründet. Er zeigte uns den Weg: *„Größere Liebe hat niemand als die, dass er sein Leben hingibt für seine Freunde“* (Joh 15,13). Sogar dann kann die Liebe, mit der wir Gott lieben, nur die sein, die er uns zuerst erwiesen hat. Es ist seine Liebe, die durch uns wirkt.

Die Liebe der Menschen untereinander

Nun wird diese *agape* die Grundlage für unsere Beziehung zu allen anderen in der Familie Gottes und darüber hinaus. Wir sollen seinem Beispiel des niedergelegten Lebens folgen. Wir sollen uns gegenseitig in Gnade und Barmherzigkeit so sehr lieben, dass wir einander sein Leben selbst weitergeben. Seine Liebe in uns und durch uns bringt Leben hervor. Keine andere Lebensform kann ewiges Leben hervorbringen. Jegliches andere Leben ist materiell, physisch, vergänglich.

Dies ist der Unterschied zwischen dem Fleisch und dem Geist: Gott ist Geist. Wenn er spricht, ist das Geist. Er erzeugt Geist und wirkt dies durch seinen Geist. Das Fleisch ist vergänglich, irdisch, zeitlich. Der Geist ist unvergänglich, himmlisch und ewig. Das Fleisch führt zum Tod. Der Geist führt zum Leben. Fleisch heißt Knechtschaft. Geist heißt Freiheit. Das Fleisch ist selbstsüchtig. Der Geist ist selbstlos.

Wir wollen einander, besonders jene im Haushalt Gottes, diese *agape* entgegenbringen. Dabei lieben wir einander so sehr, dass wir geben, bis es nicht mehr nötig ist. Denn ein solches Geben, eine solche Liebe ist das größte Zeugnis, das eine sündige Welt braucht. *„Daran werden alle erkennen, dass ihr meine Jünger seid, wenn ihr Liebe untereinander habt“* (Joh 13,35).

Wir werden zu dieser *agape*, die in uns ist und Christi Wesen entspricht, hingezogen.

Der Gehorsam der Agape

Wenn wir nun Gott und unsere Mitmenschen so sehr lieben, bewegen wir uns in der Dimension des Geistes. Denn die einzige Möglichkeit, mit der Liebe Gottes wahrhaftig zu lieben, ist, im Geist Gottes zu sein, damit wir herausfinden, wie diese Liebe im Leben praktisch wird.

Gott allein kennt das Herz des Menschen. Gott allein weiß, was in jeder einzelnen Situation des Lebens am besten zu tun ist. Gott allein ist die Lösung für jede Not.

Die (wahrhaft) Gläubigen sind also die, die ihre eigene Meinung verleugnen, um Gottes Meinung herauszufinden, die ihre eigenen Wünsche verleugnen, um Gottes Wünsche herauszufinden, die ihren eigenen Willen verleugnen, um Gottes Willen herauszufinden. Gläubig sind die, die ihr Kreuz auf sich nehmen, sich täglich selbst verleugnen (das heißt ihrem Eigenwillen sterben) und dem folgen, was Gott tut.

Es sind die, die sagen, was Gott sagt, tun, was Gott tut, und das sind, wozu Gott sie gemacht hat. Sie sind wahre Propheten Gottes, das heißt, sie sind wahre Repräsentanten Gottes, indem sie ihr Leben so leben, wie sie es leben. Sie sind lebendige Briefe, Botschaften Gottes.

Ist ein Gläubiger erst einmal so in *agape* mit Gott verbunden, hat er eine Grenze überschritten. Er hat sich vom Reich des Fleisches in das Reich des Geistes bewegt: er bekennt nicht nur mit den Lippen, sondern mit seinem Leben.

Seine Beziehung zu Gott gründet sich nicht mehr auf Eigennutz – was er von Gott bekommen kann –, sondern auf Gott – was er Gott geben kann.

Aber was kann er Gott geben angesichts einer so großartigen Errettung, die so umfassend und dazu kostenlos ist? Die Antwort: sich selbst – *„ein lebendiges, heiliges und Gott wohlgefälliges Opfer ...“* (Röm 12,1).

Es gibt nichts, was wir für Gott tun könnten, das für Gott irgendeine Frucht bringt, außer dem, was Gott durch seinen Geist befiehlt. Gott hat einen Plan. Er hat einen Plan für jeden Menschen. Dieser Plan kann nicht im Fleisch ausgeführt werden. Er kann nur im, mit und durch den Heiligen Geist Gottes erfüllt werden.

Die einzig wahre neutestamentliche Ordnung für die Gemeinde ist Jesus. Er ist nicht eine Art Herrschaft, obwohl er die Herrschaft innehat. Er ist kein Sammelsurium von Glaubensbekenntnissen und Glaubenssystemen, obwohl er solide Lehren, Gebote und Prinzipien verkündet, die befolgt werden sollen. Die wahre Gemeinde ist ein gehorsames Volk, das in rechter Beziehung zu seinem Gott steht.

Jesus tat niemals etwas, was er nicht den Vater hätte tun sehen oder sagen hören (vgl. Joh 5,19-20.30; 12,49). Er gab uns im Gegenzug den Heiligen Geist, über den er sagte: „*... er wird nicht aus sich selbst reden, sondern was er hören wird, wird er reden, und das Kommende wird er euch verkündigen*" (Joh 16,13).

Um das zu bauen, was Gott baut, ist es erforderlich, dass der, der baut, durch den Heiligen Geist mit Gott in Verbindung steht. „*Denn so viele durch den Geist Gottes geleitet werden, die sind Söhne Gottes*" (Röm 8,14).

Die Gläubigen sind die, die nur das bauen wollen, was Gott baut. So sehr lieben sie ihn. „*Wenn jemand mich liebt, so wird er mein Wort halten ...*" (Joh 14,23).

Die Gläubigen sind die, die Gottes Bestes für ihre Brüder und Schwestern in der Familie Gottes wollen. Dies kann man nur über den Vater herausfinden.

Die Gemeinschaft der Agape

Solche Treue, solche *agape*, solcher Gehorsam, solche Verbundenheit mit Gott kann nur durch ausgedehnte Gebetszeiten und intensive Gemeinschaft mit Gott erwachsen. Die einzige Möglichkeit, irgendeine Beziehung zu jemandem aufzubauen, besteht darin, mit ihm Zeit zu verbringen. Je mehr Zeit man miteinander verbringt, desto breiter wird die Basis für diese Beziehung.

Ich habe Kinder, die in einer anderen Stadt wohnen. Wenn ich mehr Zeit mit ihnen verbringe, stelle ich fest, dass ich dann mehr mit ihnen zu reden habe, weil wir mehr darüber erfahren, was im Leben des anderen vor sich geht. Aber je weniger Zeit wir miteinander verbringen, umso weniger scheinen wir uns zu sagen zu haben. Man könnte meinen, es sei andersherum, aber das stimmt nicht.

Je mehr Zeit wir mit Gott im Gebet und in seinem Wort verbringen – mit ihm reden und auf ihn hören –, desto mehr erfahren wir von ihm, seinen Wegen, seinen Wünschen / seinem Willen, seinen Absichten in unserem Leben, seinen Segnungen auf uns usw. Diese Liste ist endlos, weil er unendlich ist. Je mehr wir zusammen sind, desto mehr haben wir miteinander zu besprechen.

Mehr Tiefgang durch Agape

Nun wollen wir einen Blick ins Laubhüttenfest hineinwerfen. „... *dass wir, wenn es offenbar werden wird, ihm gleich sein werden, denn wir werden ihn sehen, wie er ist*“ (1 Joh 3,2). Hier geht es um diesen Ruf Gottes nach oben (vgl. Phil 3,14), um die höhere Ebene im Geist, um den tieferen Wandel mit Gott, um das Hinaufgehen auf den Berg Zion: zu sein wie er.

> *Kommt, lasst uns hinaufkommen zum Berg des Herrn, zum Haus des Gottes Jakobs, dass er uns auf Grund seiner Wege belehre und wir auf seinen Pfaden gehen. Denn von Zion wird Weisung ausgehen und das Wort des Herrn von Jerusalem* (Jes 2,3; Mi 4,2).

Zion bedeutet einen Ort in Gott, der durch den Geist gewirkt ist und wo es nur Jesus gibt. Er ist alles in allem.

Jerusalem bedeutet die Gemeinde, die Gemeinschaft der Herausgerufenen, die in Jesus hinein versammelt werden.

Wenn wir nach Zion gehen, werden wir das Zion Gottes. Wenn uns einmal das Wort gegeben worden ist, werden wir das Wort von Zion. Das bedeutet, dass von uns das Gesetz und das Wort ausgehen sollen.

Solange Jesus sie physisch heilte und versorgte, folgten ihm große Menschenmengen. Aber es waren nur wenige, die ihm auf die Höhen der Berge folgten, um dort die tiefer gehende Anleitung zur Jüngerschaft zu empfangen.

Auch heute ist es so, dass die Dienste, die dafür bekannt sind, dass bei ihnen die Geistesgaben wirksam sind, die Massen anziehen. Aber nur wenige interessieren sich dafür, jenes Wort zu hören, das zu dem aufopferungsvollen Leben der *agape* aufruft.

Einmal sagte ein christlicher Bruder zu mir: „Du kannst nichts auf das Kreuz aufbauen.“ Er hat absolut recht. Auf die Lehre vom Kreuz kann nichts Fleischliches aufgebaut werden. Dann muss man schon ein anderes Evangelium predigen, wenn man solch ein Bauwerk errichten will.

Aber die Lehre vom Kreuz ist die einzige Lehre, die das Haus Gottes aufbaut, die den Missionsbefehl des Evangeliums des Reiches Gottes erfüllt.

Einige Jahre bevor ich dieses Buch schrieb, zeigte mir der Geist Gottes, dass „dieses Evangelium des Reiches" noch nicht „überall auf der Welt" so gepredigt wird, wie es Jesus in Matthäus 24,14 angekündigt hatte.

Ich dachte: „Aber Gott, wie kann das sein, bei so vielen geistlichen Sendungen im Fernsehen und so vielen Missionaren, die hinausgehen … ?"

Und ich hörte es wieder: „Ich sagte, **dieses** Evangelium des Reiches …"

Ich wusste, dass es die Wahrheit war. Was wirklich gepredigt wurde, war eine Art Evangelium, etwas Ähnliches, oder etwas, von dem wir dachten, dass es das Evangelium sei. Ich konnte sogar beobachten, dass Gott trotzdem am Wirken war und irgendwie Seelen rettete. Aber ich wusste, dass etwas fehlte. **Dieses** Evangelium des Reiches, über das Jesus gesprochen hatte, wurde noch nicht gepredigt.

Damals war ich mir nicht klar darüber, was „**dieses** Evangelium" bedeutete. Heute verstehe ich es besser, weil ich sehe, wie diese „Gekreuzigten" hervorkommen. Sie predigen den gekreuzigten Lebensstil nicht nur, sondern leben ihn auch.

Einige leben das gekreuzigte Leben und wissen bis jetzt noch nicht einmal, wie sie darüber sprechen sollen. Einige sehen dieses Leben und versuchen es zu beschreiben, aber das heißt nicht unbedingt, dass sie es auch selbst leben. Letzten Endes kann jedoch niemand über diese Dimension sprechen, bevor er nicht darin lebt.

Wenn Sie dieses Wort lesen und nach diesem innigen Wandel mit Gott hungern, dann können Sie das haben, ob Sie jetzt alles verstehen oder nicht. Bitten Sie einfach Gott, die Führung zu übernehmen und Sie in das Allerheiligste zu bringen, in den Thronraum mit ihm, in dieses heilige Leben vor ihm, in die *agape* – das gekreuzigte Leben.

KAPITEL 7

Verherrlichung: Von Herrlichkeit zu Herrlichkeit

Wir sind nicht für uns selbst erlöst, geheiligt und verherrlicht, sondern für Gott. Es ist seine Erlösung, nicht unsere; seine Heiligung, nicht unsere; seine Verherrlichung, nicht unsere. Auch wenn wir den Vorteil haben, das sich seine Absichten in der Geschichte erfüllen, muss uns drastisch klar werden, dass er uns erkauft hat und nicht wir ihn. Wir gehören uns nicht selbst (vgl. 1 Kor 6,19-20). Wir sind sein Besitz, Gefäße in seiner Hand, mit denen er tun kann, was er will.

Wenn das für uns real wird, werden wir verstanden haben, was es bedeutet, mit ihm gekreuzigt zu sein. Genauso wie Jesus an das Ende seiner selbst gekommen war, sich zu nichts machte (vgl. Phil 2,7), damit Gott durch ihn verherrlicht werde, sollen wir ihm in seine Taufe folgen, das heißt, dem Heiligen Geist erlauben, uns an das Ende unserer selbst zu bringen, damit Gott durch uns verherrlicht werde.

Zum Lobpreis seiner Herrlichkeit

Doch immer wenn wir Gott durch unser Leben verherrlichen, lässt Gott uns seine Herrlichkeit zuteil werden. Wir leben zum Lobpreis seiner Herrlichkeit (vgl. Eph 1,6.12).

Die einzige Möglichkeit, wie wir ein Leben zum Lobpreis seiner Herrlichkeit führen können, besteht darin, dass wir ihn verherrlichen. Die einzige Möglichkeit, ihn zu verherrlichen, besteht in unserem niedergelegten Leben. *„Demütigt euch vor dem Herrn, und er wird euch erhöhen“* (Jak 4,10).

Alles, was wir tun, tun wir für ihn, damit er zufrieden ist, damit er verherrlicht wird. Das heißt nicht, dass wir irgendetwas tun, um unsere Errettung zu verdienen. Nur Jesus konnte erfüllen, was Gott verlangte. Wenn wir jedoch die Erlösung empfangen haben, geben wir uns ihm so hin, dass er sein Leben durch uns lebt. Je mehr er sein Leben durch uns lebt, desto mehr wird er verherrlicht und desto mehr werden wir wie er. Deshalb gilt: Je mehr wir ihm gleich werden, desto mehr werden wir seiner Herrlichkeit teilhaftig.

So bleibt es dabei, dass, wer sein Leben um Christi willen verliert, es gewinnen wird. Wenn wir unser Leben in ihm verlieren, werden wir in ihm sein. Da er die Auferstehung und das Leben ist, ist er der einzige Ort, an dem wir sein sollen – in ihm.

Auf rechte Weise verbunden

Jetzt kommen wir wieder darauf zurück, wie nötig es ist, dass wir zu Gott die rechte Beziehung haben. Wir müssen diese Beziehung mit Gott pflegen. Je mehr wir in rechter Weise mit ihm verbunden sind, desto mehr werden wir in Gemeinschaft und Harmonie mit ihm wandeln.

Er ist unser Friedensstifter. Er ist unsere Gerechtigkeit, unsere Rechtfertigung, unsere Erlösung, unsere Heiligung, unser Versorger, unsere Heilung, unser Schutz. Er ist unsere Verherrlichung. Es kann nur etwas von ihm zu uns geschehen, wenn wir in der rechten Verbindung mit ihm stehen.

> *Er ist in uns und wir sind in ihm, so wie er im Vater ist und der Vater in ihm ist. Wir sind eins mit ihm* (Joh 17,21).

Als er seinen Jüngern sagte, dass er hingehe, ihnen eine Stätte zu bereiten, sprach er über einen Ort im Vater. *„Im Hause meines Vaters sind viele Wohnungen“* oder Wohnorte, Wohnsitze (Joh 14,2). In Johannes 17,3 wird erklärt, dass ewiges Leben bedeutet, Gott und Jesus Christus, den Gott gesandt hatte, zu erkennen.

In Johannes 15,1 ff. erklärte Jesus, dass er der wahre Weinstock ist. Wir sollen in ihm bleiben (V. 4). Ohne ihn können wir nichts tun (V. 5).

Wenn wir in ihm bleiben und seine Worte in uns bleiben, werden wir bitten, was wir wollen, und es wird geschehen. Worum bitten wir? Dass wir viel Frucht für ihn bringen und so seine Jünger sind. Dadurch wird Gott der Vater verherrlicht (V. 7.8).

Dies ist ein Geheimnis, aber eines, das verstanden werden und darüber hinaus in jedem Gläubigen Wirklichkeit werden muss. Wir können uns nicht gleichzeitig sowohl in der Welt als auch im Himmel aufhalten. Wir können nicht gleichzeitig im Fleisch und im Geist sein. Wir können nicht gleichzeitig in der Sünde und in der Gerechtigkeit, in Satan und in Christus bleiben.

Wir werden immer eine Sache oder eine Person verherrlichen. Wir werden danach trachten, uns selbst oder einen anderen Menschen zu verherrlichen oder durch unsere bösen Taten den Satan und seine Finsterniswerke.

Wir werden auch ständig mit etwas Gemeinschaft haben. Entweder haben wir Gemeinschaft mit dem Wort oder mit der Welt. Beides gleichzeitig geht nicht.

Gott handelt heute so sehr an seinen Heiligen, damit er sie an das Ende ihres eigenen Ichs und in eine heilige und reine, unbefleckte Beziehung zu ihm hineinbringt – nicht für uns (obwohl es am Ende für uns ist), sondern für ihn, auf dass er alles in allem werde.

Wir gehen von Glauben zu Glauben (vgl. Röm 1,17), von Herrlichkeit zu Herrlichkeit (vgl. 2 Kor 3,18). Es ist ein Prozess, durch den Gott in uns arbeitet. Wir werden in sein Bild umgestaltet (vgl. Röm 8,29) und verwandelt durch die Erneuerung unseres Sinnes, damit wir prüfen mögen, was der gute und wohlgefällige und vollkommene Wille Gottes ist (vgl. Röm 12,2).

Jegliche Gerechtigkeit, die wir zu haben glauben, kommt nicht und wird auch nie aus uns selbst kommen. Es ist seine Gerechtigkeit. Er ist gerecht. Hinein in ihn!

Jegliche Heiligung, die wir zu haben glauben, kommt nicht und wird auch nie aus uns selbst kommen. Es ist seine Heiligung. Er allein ist heilig. Hinein in ihn!

Jegliche Verherrlichung, die wir zu haben glauben, kommt nicht und wird auch nie aus uns selbst kommen. Es ist seine Herrlichkeit! Er allein ist würdig. Hinein in ihn!

Jesus betete uns in die Herrlichkeit hinein

Es gibt ein großartiges Lied mit einem kurzen Text: „Von Herrlichkeit zu Herrlichkeit, er verändert mich, verändert mich, verändert mich. Sein Wesen und sein Bild sollen in mir vollkommen werden – die Liebe Gottes, der Welt offenbart."

Wir stellen fest, dass seine großartige Errettung ganz in dem verborgen ist, wer er ist, nicht in dem, wer wir sind, in dem, was er getan hat, nicht in dem, was wir uns in tausend Leben jemals zu tun erhoffen könnten.

> *Denn aus Gnade seid ihr errettet durch Glauben; und das nicht aus euch, Gottes Gnade ist es, nicht aus Werken, damit niemand sich rühme. Denn wir sind sein Gebilde, in Christus Jesus geschaffen zu guten Werken, die Gott zuvor bereitet hat, damit wir in ihnen wandeln sollen* (Eph 2,8-10).

Das hohepriesterliche Gebet von Jesus in Johannes 17 schließt diese Steigerung von Passah zu Pfingsten und dann wiederum zum Laubhüttenfest ein, das heißt, von der Rechtfertigung über die Heiligung zur Verherrlichung.

Rechtfertigung/Erlösung

> *Vater, die Stunde ist gekommen; verherrliche deinen Sohn, damit der Sohn dich verherrlicht; wie du ihm Vollmacht gegeben hast über alles Fleisch,* ***dass er allen, die du ihm gegeben hast, ewiges Leben gebe*** (Joh 17,1.2).

Jesus sah auf die Stunde seiner eigenen Verherrlichung, als er dieses Gebet betete. Durch seinen Tod, sein Begräbnis, seine Auferstehung und Himmelfahrt sollte er zu der Herrlichkeit zurückkehren, die er beim Vater hatte, ehe die Welt war (V.5).

Außerdem war er schon in den Jüngern verherrlicht, die an ihn glaubten und durch Glauben die Seinen wurden (V. 10).

So schenkte er in der Herrlichkeit seines Todes, seines Begräbnisses und seiner Auferstehung ewiges Leben: Rechtfertigung und Erlösung.

Heiligung

Aber er war im Begriff, die Welt und seine Jünger in der Welt zu verlassen. Als er dann weiterbetete, bat er Gott, den Vater, dass er sie in seinem Namen bewahre, dass sie eins seien, wie er mit dem Vater eins ist (vgl. Joh 17,11).

„Heilige sie durch Wahrheit: dein Wort ist Wahrheit“ (V. 17). Wie der Vater ihn in die Welt sandte, sandte er auch sie in die Welt (V. 18). Er heiligte sich um ihretwillen, damit auch sie durch die Wahrheit Geheiligte seien. Deshalb sandte er den Heiligen Geist, den Verwalter der Wahrheit, um sie mit der Wahrheit zu heiligen.

Jesus erklärte seinen Jüngern, dass es ihnen zu ihrem Vorteil gereiche, wenn er wegginge; so könne er den Beistand senden (den Paraklet: einer, der nebenher geht), den Heiligen Geist (vgl. Joh 16,7). Und wenn der Geist der Wahrheit gekommen sei, würde er sie in die **ganze** Wahrheit leiten (V. 13). Die Heiligung ist ein fortschreitender Prozess, in dem wir gelenkt und geleitet werden.

Verherrlichung

Der Heilige Geist wird uns also nicht nur gegeben, um Jesus, den vorbildlichen Sohn, weiterhin zu verherrlichen, sondern damit Gott viele Söhne in die Herrlichkeit führen kann (vgl. Hebr 2,10).

Jesus betete ***„Und die Herrlichkeit, die du mir gegeben hast, habe ich ihnen gegeben****, dass sie eins seien, wie wir eins sind – ich in ihnen und du in mir – dass sie in eins vollendet seien …“* (Joh 17,22.23).

„Dass sie … vollendet seien“ bezieht sich auch hier wieder auf das fortlaufende Werk der Heiligung, das uns zu dem vollendeten Werk der Verherrlichung führen soll.

Und so haben wir immer wieder das gleiche Prinzip – drei Feste, drei Höfe, drei Abschnitte in unserem Lebenswandel mit dem HERRN. *„Ihr nun sollt vollkommen sein, wie euer himmlischer Vater vollkommen ist!“* (Mt 5,48). Das Wort „vollkommen“ bedeutet reif, vollendet.

Sind Sie hungrig, mit ihm weiterzugehen? Sind Sie willens, in den Heiligen Geist und ins Feuer getauft zu werden, um somit Gott in Christus Jesus die höchste Ehre zu geben?

Wir wollen nicht die Herrlichkeit Gottes verlieren (vgl. Röm 3,23).

Kapitel 8

Wie er ist

In 1. Korinther 2,1-2 erklärt der Apostel Paulus den Korinthern, er sei bei seinem letzten Besuch nicht zu ihnen gekommen, um sie mit seiner Redekunst oder seiner Weisheit, das heißt mit gut klingenden philosophischen Gemeinplätzen, theologischen Abhandlungen oder religiösem Kauderwelsch, zu beeindrucken. Er habe sich damals vorgenommen, nichts anderes unter ihnen zu wissen als Jesus Christus und ihn als gekreuzigt. Denn in dieser einen Person Jesus und seinem Tod an einem römischen Kreuz waren nicht nur alle Vorsätze Gottes, sondern auch die Erfüllung dieser Vorsätze enthalten. Was gab es da noch mehr zu wissen?

Viele Söhne zur Herrlichkeit führen

In Jesus Christus, dem Gekreuzigten, wurden nicht nur Gottes ewige Vorsätze erfüllt. Jesus setzte ein Adoptionsprogramm in Gang, wodurch Gott als Vater für sich selbst viele Söhne zur Herrlichkeit hervorbringen würde, genauso wie er, Jesus, der Sohn der Herrlichkeit war. Was in Jesus erfüllt worden war, war dazu bestimmt, auch in den vielen Söhnen erfüllt zu werden.

Jesus selbst wurde durch genau das Leben, das er führte, gerechtfertigt und dadurch wurde er zu dem, der alle rechtfertigt, die an ihn glauben. Durch den Glauben an ihn, der die Gläubigen rechtfertigte, werden sie, wie er war – gerechtfertigt.

Gleicherweise war er die Gerechtigkeit Gottes. In ihm werden wir zu Gottes Gerechtigkeit gemacht.

> *Den, der die Sünde nicht kannte, hat er [Gott] für uns zur Sünde gemacht, damit wir Gottes Gerechtigkeit würden in ihm"* (2 Kor 5,21). *„Der unsere Sünden an seinem Leib selbst hinaufgetragen hat, damit wir, den Sünden abgestorben, die Gerechtigkeit leben, durch dessen Striemen ihr geheilt [gerettet, vollständig gemacht] worden seid* (1 Petr 2,24).

Was er war und ist, das ist er für uns. Er ist unser Erlöser und unsere Erlösung. Er rechtfertigt uns und ist unsere Rechtfertigung. Er ist unser Retter und unsere Errettung. Er heiligt uns und ist unsere Heiligung. Er verherrlicht uns und ist unsere Verherrlichung.

Die Offenbarung darüber, wer Jesus ist, bekommen wir durch den Geist und dessen machtvolles Wirken (vgl. 1 Kor 2,4 ff.). Denn *„uns aber hat Gott es geoffenbart durch den Geist, denn der Geist erforscht alles, auch die Tiefen Gottes"* (V.10). Aus diesem Grund wurde uns der Heilige Geist gegeben – und müssen wir zum Pfingstfest, ins Heiligtum weitergehen –, damit wir durch den Geist die Dinge erkennen, die Gott uns geschenkt hat (V.12).

Was hat Gott uns geschenkt? Seine Rechtfertigung, seine Heiligung und seine Verherrlichung, das heißt, seine Errettung. Wie hat er das gemacht? Indem er sich uns in Menschengestalt schenkte, in der Gestalt eines Mannes, jedoch ohne Sünde. Er gab uns Jesus Christus als Gekreuzigten. Und als wir ihn durch den Glauben aufnahmen, wurden wir, was er ist.

Das sind gewaltige Dinge – so gewaltig, dass nur die Kraft des Heiligen Geistes sie uns offenbaren kann. Es handelt sich hier nicht um eine Weisheit dieses Zeitalters, auch nicht um eine Weisheit der Herrscher dieses Zeitalters; es ist eine Weisheit, die nicht aus natürlichen, weltlichen Quellen stammt. Es ist jene Art von Weisheit, die von Gott kommt, dadurch, dass wir den Sinn Christi haben. *„Denn wer hat den Sinn des Herrn erkannt, dass er ihn unterweisen könnte? Wir aber haben Christi Sinn"* (V.16).

Worin wollen wir Gott unterweisen? Worin könnten wir überhaupt Gott unterweisen, die wir lediglich Geschöpfe Gottes sind? Wenn wir den Sinn Christi haben, haben wir jene Weisheit, die nicht von dieser Welt ist. Wir haben göttliche Weisheit. Wir wissen, wer Gott ist und was Gott will. Wir bitten ihn gemäß seinem Wort und seinem Willen.

Welches mustergültige Gebet lehrte Jesus seine Jünger? Er sagte ihnen, sie sollten beten: „Vater unser …“ Diese beiden Worte sollten ihr Ausgangspunkt sein, sich dem Thron Gottes freimütig zu nähern und ihre Bitten vorzutragen. Jede (der in diesem Gebet enthaltenen Bitten) war im Einklang mit Gottes Wort, seinem Willen und seinem ewigen Vorsatz. Und doch sollten sie ihn durch ihr Gebet anweisen, ihr Gebet zu beantworten – genau das, was Gott tun will.

Ich habe herausgefunden, dass wir das Meiste und Beste von Gott dann bekommen, wenn wir von ihm fordern, dass er uns ganz konkret segnet. Gottes möchte uns unbedingt all das zukommen lassen, was uns durch Jesus am Kreuz geschenkt wurde. Aber er wird sich uns niemals aufdrängen. Er verhält sich uns gegenüber immer so, dass wir uns nach ihm auszustrecken. Er ist immer erreichbar, immer zugänglich, immer da, und er lässt nicht zu, dass wir über unser Vermögen hinaus (vgl. 1 Kor 10,13) an seiner Abwesenheit leiden: Aber er ist nicht billig.

Er kann nicht käuflich erworben werden, aber er ist nicht billig. Es kostete Jesus alles, und er legte es freiwillig uns zuliebe nieder.

> *Diese Gesinnung sei in euch, die auch in Christus Jesus war, der in Gestalt Gottes war und es nicht für einen Raub achtete, Gott gleich zu sein. Aber er machte sich selbst zu nichts und nahm Knechtsgestalt an, indem er den Menschen gleich geworden ist, und der Gestalt nach wie ein Mensch erfunden, erniedrigte er sich selbst und wurde gehorsam bis zum Tod, ja, zum Tod am Kreuz* (Phil 2,5-8).

Die Aufgabe des Ich

Damit seine Gläubigen ihn ergreifen, obwohl er umsonst geschenkt wird, müssen sie genau wie er in der Nachfolge Gottes ihr eigenes Ich aufgeben. Wir haben ein billiges „Du musst nur glauben“-Evangelium gepredigt, das sehr viele in die Irre geführt hat. Diese werden nur durch die Gnade und Barmherzigkeit Gottes in seine Herrlichkeit eingehen.

Aber diejenigen, die durch den Geist Gottes Ohren haben zu hören und Augen zu sehen, erleben, dass ihnen „dieses Evangelium des Reiches“, das uns dazu aufruft, seines Todes (vgl. Röm 6,3-11) und der Gemeinschaft seiner Leiden teilhaftig zu werden (vgl. Phil 3,10), heute wiederhergestellt wird.

Die Ironie des Evangeliums ist, dass die einzige Möglichkeit, in die Dinge Gottes hineinzukommen – das heißt in Gott hinein –, darin besteht, das eigene Leben in voller Absicht niederzulegen und Jesus in seine Taufe zu folgen. Er wurde im Wasser getauft, was am Anfang seines Dienstes das Zeichen war, das auf die geistliche Taufe seines Todes und seines Begräbnisses hinwies.

„Könnt ihr ... mit der Taufe getauft werden, mit der ich getauft werde ... ?“ Dies fragte er seine Jünger ausdrücklich. Sie antworteten: *„Wir können es.“* Dann kündigte er ihre Taufe in sein Leiden an, indem er sagte: *„Ihr werdet meinen Kelch auch wirklich trinken und mit der Taufe getauft werden, mit der ich getauft werde“* (vgl. Mt 20,22.23).

Jesus kehrte auf dem Weg von Tod, Auferstehung und Himmelfahrt zur Herrlichkeit zurück. Er musste zum und durch das Kreuz gehen. Wer mit ihm zur Herrlichkeit gelangen und seiner Herrlichkeit teilhaftig werden will, muss täglich sein Kreuz auf sich nehmen und ihm folgen (vgl. Lk 9,23). Das ist das Aufgeben des eigenen Ich.

Wie Jesus werden

> *... sondern wir reden Gottes Weisheit in einem Geheimnis, die verborgene, die Gott vorherbestimmt hat, vor den Zeitaltern, zu unserer Herrlichkeit. Keiner von den Fürsten dieser Welt hat sie erkannt – denn wenn sie sie erkannt hätten, so würden sie wohl den Herrn der Herrlichkeit nicht gekreuzigt haben* (1 Kor 2,7.8).

Es gibt eine vorherbestimmte Herrlichkeit, die die Söhne Gottes erwartet und die mit der Herrlichkeit des Sohnes Gottes verglichen werden kann. Hätten die Herrscher dieses Zeitalters dieses Geheimnis verstehen können, diese Ironie des Kreuzes, hätten sie niemals den HERRN der Herrlichkeit gekreuzigt.

In der Regel werden die Herrscher dieses Zeitalters in der Heiligen Schrift als dämonische Mächte verstanden (vgl. Eph 6,12). Der Satan selbst wird als Fürst des Machtbereichs der Luft beschrieben (vgl. Eph 2,2). Jesus zerstörte alle Werke des Teufels (vgl. 1 Joh 3,8).

So leuchtet es ein, dass das, was Paulus in 1. Korinther 2,8 schreibt, bedeutet, dass Satan Jesus niemals zu Tode gebracht hätte, hätte er gewusst, dass Jesu Tod dessen Verherrlichung bedeuten würde. Satan fuhr in gierige, machthungrige Männer, um den HERRN der Herrlichkeit zu kreuzigen, und zerstörte damit seine eigenen Werke – eine weitere Ironie des Evangeliums.

„Sondern wie geschrieben steht“, zitiert Paulus aus Jesaja 64,4, geschahen Dinge, die *„... kein Auge gesehen und kein Ohr gehört hat und [was] in keines Menschen Herz gekommen ist,* ***was Gott denen bereitet hat, die ihn lieben*** *“* (1 Kor 2,9).

Dieser Vers wurde und wird von denen, die ihn dazu benutzen wollen, für sich selbst materiellen Besitz zu beanspruchen, nach Belieben missbraucht. *„Denn was nützt es einem Menschen, die ganze Welt zu gewinnen und sein Leben einzubüßen?“* (Mk 8,36).

Ich möchte Sie etwas fragen – aber Vorsicht! Ihre Antwort wird Sie verraten. Wenn dieser Vers für Sie bedeuten würde, dass Sie entweder die Welt gewinnen könnten oder alles von dem erlangen könnten, wer Christus ist, wofür würden Sie sich entscheiden? Würden Sie immer noch um jeden Preis (Ihre eigenen Wünsche, Ihr Leben, Ihren Besitz) IHN wählen? Was war letztlich das Problem des einflussreichen Mannes, der ewiges Leben wollte (vgl. Lk 18,18 ff.)? In der Heiligen Schrift steht, dass er betrübt wegging, weil er viele Güter hatte.

Kann ein Reicher in den Himmel kommen? Gewiss doch! Solange seine Reichtümer nicht sein Gott sind; solange er sein Vertrauen nicht in dem Ausmaß in seine Reichtümer setzt, dass diese ihn beherrschen; solange er sie um des Evangeliums willen aufgeben könnte.

Oh! Es gibt hier so viel mehr, als irgendetwas in dieser alten Welt jemals in einer Million Lebensspannen bieten könnte. Wie Jesus werden! Vor der ganzen Welt als verherrlichter Sohn Gottes offenbar werden. Nicht dass wir die Ehre für uns selbst suchen, sondern dass wir zur Ehre Gottes wirklich zum Preise seiner Herrlichkeit werden (vgl. Eph 1,6.12).

Das ist der springende Punkt: Was hat Gott denen bereitet, die ihn lieben? Gesunde Körper? Große Autos? Also bitte! Sehen Sie sich ihn genauer an. Was will Gott? Noch einmal 1. Korinther 2,7: *„Sondern wir reden* ***Gottes Weisheit,*** *die verborgene, die Gott vorherbestimmt hat, vor den Zeitaltern,* ***zu unserer Herrlichkeit.“***

Was Gott in uns will, ist genau das Gleiche wie das, was er in Jesus hatte. Jesus war das Vorbild, der Bauplan, der Tempel, das Haupt des Leibes. Folgen Sie ihm durch sein Leben, seinen Tod, sein Begräbnis, seine Auferstehung und Himmelfahrt.

Wir erscheinen als Söhne (werden als Söhne hervorgebracht, sichtbar gemacht, geoffenbart), genau wie er der Sohn war. Wir sind aber keine Götter. Treiben Sie das nicht zu weit! Werden Sie nicht arrogant! Erinnern Sie sich daran: Die einzige Möglichkeit, in das Reich Gottes zu kommen, ist auf den Knien.

Zu diesem endzeitlichen Offenbarwerden der Sohnschaft hält der Teufel in der New-Age-Bewegung eine Fälschung parat. Hier denken arrogante Leute, sie seien Götter und könnten sich und ihre Welt dadurch besser machen, dass sie durch Meditation und alle möglichen anderen dämonischen okkulten Praktiken miteinander und mit der Schöpfung in Einklang kommen.

Wie können sich die von Gott erschaffenen Geschöpfe jemals erhoffen, getrennt von ihrem Schöpfer mit irgendetwas in Harmonie zu leben? Das ist eine Torheit, die geradewegs in die Abgründe der Hölle führt.

Aber wo es eine Fälschung gibt, muss es auch das Echte geben. Es gibt eine Herrlichkeit, welche die wahren Söhne Gottes erwartet.

Werden, was Jesus war

Die Herrlichkeit der Söhne besteht darin, dass sie das Wesen des Sohnes annehmen. Das ist ein radikales und hartes Wort, aber es drückt Folgendes aus:

Wie er die Gerechtigkeit Gottes war, so werden wir in ihm die Gerechtigkeit Gottes. Wie er vollkommen, ohne Sünde war, so werden wir in diesem Leben vollkommen, ohne Sünde. *„Ihr nun sollt vollkommen sein, wie euer himmlischer Vater vollkommen ist"* (Mt 5,48). Würde Gott etwas Unmögliches von uns erbitten? Für den Menschen ist es unmöglich, im Fleisch ist es unmöglich, aber mit Gott sind alle Dinge möglich (vgl. Mt 19,26; Mk 10,27; Lk 18,27).

Jesus wurde vor Gott gerechtfertigt. Dadurch wurde er unsere Rechtfertigung, dadurch unser Rechtfertiger, dadurch werden wir gerechtfertigt, genau wie er es war.

Jesus wurde vor Gott geheiligt. Dadurch wurde er unsere Heiligung und somit der, der uns heiligt, und dadurch wiederum sind wir geheiligt, genau wie er es war. (Wir werden durch das Blut [vgl. Hebr 13,12], das Wort [vgl. Joh 17,17] und den Geist [vgl. 1 Kor 6,11] geheiligt.)

Jesus wurde vor Gott verherrlicht (vgl. Joh 13,31; Apg 3,13). Dadurch wurde er unsere Verherrlichung, dadurch verherrlichte er uns (vgl. Röm 8,30), dadurch sind wir verherrlicht (vgl. Röm 8,17), genau wie er es war.

Das Wichtigste, was ich sagen will, liegt auf der Formulierung „genau wie er es war". Die Heilige Schrift bestätigt das. Johannes sagte, als er im Zusammenhang mit der Liebe über ihn schrieb: *„Geliebte, jetzt sind wir Kinder Gottes, und es ist noch nicht offenbar geworden, was wir sein werden; wir wissen, dass wir, wenn es offenbar werden wird, ihm gleich sein werden, denn wir werden ihn sehen, wie er ist"* (1 Joh 3,2).

Jesus manifestiert sich – das heißt offenbart sich – mehr und mehr, noch bevor er in all seiner Herrlichkeit wiederkehrt. Wem er sich offenbart, der wird selbst in sein Wesen umgestaltet.

Als Moses vom Berg herunterstieg, nachdem er 40 Tage in der Gegenwart Gottes verbracht hatte, lag auf seinem Gesicht nicht nur der Glanz der Herrlichkeit, sondern er hatte auch das Wort Gottes in seinem Innern. Er hatte das Gesetz in seinem Innern. Er kannte das Herz Gottes und fühlte, was Gott fühlte. Deshalb zerschmetterte er die Steintafeln, als er sah, wie das hurerische Israel Tanzorgien um sein goldenes Kalb veranstaltete.

Je mehr du in der Gegenwart Gottes bist, desto mehr wirst du wie er.

Du wirst das, womit du Gemeinschaft hast – ob mit der Sünde und der Welt, oder mit Gerechtigkeit und himmlischen Dingen. *„Böser Verkehr verdirbt gute Sitten“* (1 Kor 15,33).

Das Wort werden

In der Vergangenheit haben wir versucht, die Dinge Gottes zu erlangen, indem wir das Wort Gottes in Anspruch genommen haben. Wir versuchten geheilt, befreit und gesegnet zu werden, indem wir das Wort bekannten. Wir sprachen darüber, wie wir das Wort in unseren Geist aufnehmen könnten.

Die Wahrheit des Ganzen ist, dass wir nichts erlangen können, wenn wir versuchen, das Wort in Anspruch zu nehmen. Wir müssen das Wort werden. Jesus war das fleischgewordene Wort. Wenn wir in ihm sind und er in uns, werden auch wir wie er das Wort Gottes. Wie er das fleischgewordene Wort war, werden wir, die wir Fleisch sind, zum Wort gemacht.

Wie er Liebe ist, sind wir Liebe; wie er Frieden ist, sind wir Frieden; wie er Freude ist, sind wir Freude; wie er Geduld, Güte, Freundlichkeit usw. ist, sind wir es auch.

Wie er Geist ist, so sind auch wir aus dem Geist. Die Gaben des Heiligen Geistes sind ganz einfach das Wirken des Geistes selbst. Wenn wir ein Wort der Erkenntnis haben, ist das nicht eine „Sache“, die wir haben, sondern es ist die Person des Geistes, die am Wirken ist, was wiederum aus unserer Beziehung zu Gott resultiert.

Wir haben nicht einfach nur eine Gabe, die wir vom Geist bekommen, sondern der Geist selbst wird uns geschenkt und dadurch werden wir eins mit Gott. Entweder sind wir eins mit ihm oder nicht. Die Bibel sagt, wir sind eins. Es ist so, wie wenn Wasser mit Wasser gemischt wird. Wenn sein Geist unseren menschlichen Geist dazu bringt, dass er in genauer Übereinstimmung mit seinem Wesen von Neuem geboren wird, haben wir Geist mit Geist gemischt; es ist nicht unser Geist, sondern seiner.

Wie man ein echtes Werkzeug Gottes wird

Jesus sagte: *„Wenn ihr in mir bleibt und meine Worte in euch bleiben, so werdet ihr bitten, was ihr wollt, und es wird euch geschehen"* (Joh 15,7). Wenn wir um irgendetwas bitten, das unserem eigenen Ich dient, zeigen wir damit nur, dass wir nicht richtig im Wort bleiben. Wenn wir in ihm bleiben und sein Wort in uns bleibt, wollen wir nicht nur, was er will, sondern wir werden dann auch zum Werkzeug, durch das er es bekommt.

Gott wollte, dass die Menschen geheilt werden. So sandte er Jesus, um sie zu heilen. Jesus betete niemals für irgendjemanden um Heilung. Er heilte ihn einfach. Dann beauftragte er uns, zu gehen und das Gleiche zu tun – den Kranken die Hände aufzulegen und sie zu heilen.

Gott wollte nicht, dass die Menschen von Dämonen besessen sind und von ihnen geplagt werden, und so sandte er Jesus, den Befreier, um die Gefangenen freizusetzen. Jesus betete nicht um ihre Befreiung. Er trieb die Teufel aus. Dann gab er seinen Jüngern Vollmacht, auf Schlangen und Skorpione zu treten, und über die ganze Kraft des Feindes; und er sicherte ihnen zu, dass ihnen nichts schaden werde (vgl. Lk 10,19).

Gott wollte nicht, dass irgendjemand verloren geht, und so sandte er seinen eingeborenen Sohn, damit jeder, der an ihn glaubt, nicht verloren geht, sondern das ewige Leben hat (vgl. Joh 3,16). Jesus betet nicht um die Errettung der Menschen. Er vergoss sein Blut und vergab ihnen dadurch ihre Sünden und errettete sie.

Dann gebot er seinen Jüngern zu gehen, zu lehren und zu taufen (vgl. Mt 28,18-20). Ganz gewiss sollen wir für die Errettung der Menschen beten. Aber viel zu oft gehen wir nicht weiter. Wir haben sogar die Vollmacht erhalten, Sünden zu vergeben: *„Wenn ihr jemandem die Sünden vergebt, dem sind sie vergeben, wenn ihr sie jemandem behaltet, sind sie [ihm] behalten"* (Joh 20,23).

Diese Vollmacht, Sünden zu vergeben, läuft unserem Denken zuwider, aber beachten Sie auch die Aussagekraft in einem vorhergehenden Vers, Vers 21: *„Wie der Vater mich ausgesandt hat, sende ich auch euch."* Der Vater sandte Jesus, der das gleiche Leben wie der Vater in sich trug. In der Kraft und Vollmacht dieses Lebens wirkte Jesus nicht nur im Namen Gottes, sondern war Gott. Es war Gottes Leben. In seinem Evangelium betont Johannes immer wieder, dass, wer an Jesus glaubt, dieses Leben auch in sich hat. Denken Sie einmal darüber nach!

Weder sind wir der Retter, noch können wir es jemals sein. Jesus allein ist der Retter. Es wäre am besten, wir würden es aufgeben, Menschen aus unserer eigenen Kraft retten zu wollen. Niemand kann je durch unser eigenes vergossenes Blut oder durch das Blut von Ziegen und Schafen und Stieren gerettet werden (vgl. Hebr 10,4). Jesus allein ist der Retter. Wir sind nur durch sein kostbares, gerechtes, heiliges, unbeflecktes Blut versöhnt. Gelobt sei sein heiliger Name.

Und dennoch sind wir seine Zeugen. Was Evangelisation angeht, so lautet die Botschaft heute: Menschen werden weder durch Programme, Traktate, Kampagnen oder etwas Ähnliches gewonnen, sondern nur durch jene, die es wagen, so zu werden wie er: lebendige Briefe, die seinem Leben in der Welt freien Lauf lassen.

Nur dann, wenn er in und durch uns lebt und wirkt, uns seinem Wesen entsprechend formt, uns mit seinem Heiligen Geist erfüllt und uns mit seinem Leben „ausgießt", wird die Welt den König der Könige und den HERRN der Herren sehen, erkennen und für ihn gewonnen werden.

„... Denn wie er ist, sind auch wir in dieser Welt" (1 Joh 4,17).

Welche Dinge hat kein Auge je gesehen, kein Ohr je gehört, noch sind sie je in des Menschen Herz gekommen? Die Offenbarung des verherrlichten Jesus und das Offenbarwerden seiner Gekreuzigten, die sein Abbild der Herrlichkeit sind.

Kapitel 9

In seine Ruhe eingehen

Das Hervorkommen der Gekreuzigten bedeutet gleichzeitig die Abschaffung der toten Werke. Alles, was sie erreichen, erreichen sie in der Ruhe.

> *Also bleibt noch eine Sabbatruhe dem Volk Gottes übrig* (Hebr 4,9).

Der Verfasser des Hebräerbriefs machte sich Sorgen, dass seine Leser den Weg ihrer Väter (Israel) einschlagen könnten, die in der Wüste starben und aufgrund ihres Unglaubens nicht in ihre verheißene Ruhe eintreten konnten (vgl. Hebr 3,16-19).

Aber Gott hatte seinem Volk Ruhe verheißen. Gott kann sein Wort nicht zurücknehmen. Wenn also die Vorväter darin versagt hatten, in die Ruhe einzutreten, hat er sich ein Volk aufbewahrt, das noch in seine Ruhe eingehen wird, das seine Verheißung erfüllen wird. *„Also bleibt noch eine Sabbatruhe dem Volk Gottes übrig."*

Wie sieht diese Ruhe aus und wie können wir in sie hineinkommen? Zweifellos spüren wir alle, dass unsere Werke beschwerlich sind. Viel zu oft haben wir den Eindruck, unsere Werke seien tot. Die einzige Möglichkeit, sie weiterzuführen, ist, sie weiterzuführen. Was von Gott kommt, braucht aber nicht aus eigener Kraft weitergeführt zu werden. Wir haben keinerlei Fähigkeit, aus eigener Kraft etwas zu schaffen, was Gott ehrt. *„Nicht durch Macht und nicht durch Kraft, sondern durch meinen Geist, spricht der HERR der Heerscharen"* (Sach 4,6).

Glaube und Ruhe

Es bestand die Möglichkeit, dass diese an Jesus Christus Gläubigen ebenfalls durch Unglauben vom lebendigen Gott abfallen würden, und nach Aussage des Verfassers des Hebräerbriefs zeigt sich darin ein böses Herz (vgl. Hebr 3,12).

„Denn wir“, sagt er, *„sind Genossen des Christus geworden,* ***wenn*** *wir die anfängliche Zuversicht bis zum Ende standhaft festhalten“* (Hebr 3,14).

Nach der Meinung dieses Verfassers ist diese Gefahr so groß, dass er die Hebräer dazu aufruft, *„mit Furcht darauf [zu] achten“* (Hebr 4,1 LUT), dass nicht jemand von ihnen zurückbleiben und es versäumen würde, in diese Ruhe einzutreten.

Hier sehen wir den Zusammenhang zwischen Ruhe und Glaube. Tatsache ist, dass die „Ruhe“ Gottes die direkte Folge des Glaubens an Gott ist. Denn wenn einer nicht in der Ruhe ist, ist er auch nicht im Glauben. Wenn jemand im Glauben ist – das heißt, im vollendeten Werk Gottes ruht –, kann er am ehesten Gott gefallen. Denn ohne Glauben ist es unmöglich, Gott zu gefallen (vgl. Hebr 11,6).

Die gute Nachricht Gottes, erklärt der Schreiber des Hebräerbriefs, wurde uns genauso wie „jenen“ gepredigt. Er bezieht sich dabei auf ihre israelitischen Väter in der Wüste. Sie hatten die Offenbarung Gottes durch Mose erhalten. Aber das Wort, das sie hörten, nützte ihnen nichts und brachte sie nicht in die verheißene Ruhe, weil sie das Gehörte nicht mit Glauben verknüpften (vgl. Hebr 4,2). Wir aber, die wir glauben, treten in diese Ruhe ein.

Viele Leute sagen, sie glauben, aber sie sind nicht in der Ruhe. Sie sagen, dass sie glauben, dass Gott auf dem Thron sitzt, aber sie leben ihr Leben nicht dementsprechend. Sie leben in Angst, Sorge, Unruhe, Mutlosigkeit und Ähnlichem. Sie mühen sich ab, um einen eigenen Weg zu finden, als könnten sie ihren eigenen Weg bahnen. Sie rackern und schinden, placken und quälen sich ab, um ihre Umstände zu beeinflussen, bis diese Umstände mit ihrem Plan übereinstimmen. Sie lügen, betrügen, stehlen – tun alles Mögliche – um vorwärts zu kommen. Aber alle diese Dinge sind Taten des Unglaubens. Als wäre Gott unfähig!

Der Glaube und Gottes vollendetes Werk

Der Schreiber des Hebräerbriefs fordert von seiner Leserschaft damals wie heute Glauben an das Werk Gottes, das schon von Grundlegung der Welt an vollendet war (vgl. Hebr 4,3b). Wenn doch Gott von seinen Werken ruht, worüber regen wir uns dann so auf?

Früher versuchte ich einmal verzweifelt, aus meiner eigenen Kraft etwas für Gott zu tun. Das wollen wir alle. Und der Geist Gottes bezeugte mir: „Wenn du arbeitest, ruhe ich. Wenn du ruhst, arbeite ich."

Wenn wir in den Glauben eintreten und wissen, dass Gott schon von Anfang an das Ende weiß, dass *„wir sein Gebilde sind, in Christus Jesus geschaffen zu guten Werken, die Gott zuvor bereitet hat, damit wir in ihnen wandeln sollen"* (Eph 2,10) und dass *„denen, die Gott lieben, alle Dinge zum Guten mitwirken, denen, die nach [seinem] Vorsatz berufen sind"* (Röm 8,28), dann gehorchen wir der Stimme des Meisters: *„Seid nicht besorgt für euer Leben ..."* (Mt 6,25-34).

In Markus 11, Vers 22 steht: *„Habt Glauben an Gott."* Viele haben diesen Vers so aufgefasst, dass wir um bestimmter Dinge willen – wegen allem, was wir wollen – Gott glauben sollen. Diese Betonung auf dem Glauben um der Dinge willen wurde so überstrapaziert, dass manche nun versuchen, an den Glauben zu glauben.

Es gibt aber ein Empfangen von Gott, das davon abhängt, wie sehr wir mit Gott verbunden sind. Denn wenn wir ihn immer besser kennenlernen, werden wir sein Herz, seinen Willen und seine Wege kennenlernen und darum bitten.

Ich glaube aber, dass die Betonung von Markus 11,22-24 auf „an Gott" liegt. Habt Glauben **an Gott**. Punkt. Habt Glauben an seine vollendeten Werke. Glaubt das Wort Gottes, denn das Wort Gottes ist der Wille Gottes, es verleiht seinem Herzen Ausdruck. Das Wort Gottes ist Gott in Worte gefasst. Sein Wort muss erfüllt werden. Es wird die Vollendung, die Zusammenfassung aller Dinge in ihm sein (Eph 1,10).

Der Glaube und tote Werke

Der Glaube, den wir haben sollen, und der uns in die verheißene Ruhe bringen soll, ist nicht leicht zu erlangen. *„Lasst uns nun eifrig sein, in jene Ruhe einzugehen, damit nicht jemand nach demselben Beispiel des Ungehorsams falle“* (Hebr 4,11).

Tatsache ist doch, dass unsere fleischliche Natur gefallen und noch immer unter dem Fluch der Werke ist. Wir können uns kein Evangelium vorstellen, das von unserer Seite nicht ein paar Werke verlangt. Wir müssen darum ringen, im Glauben und in der Ruhe zu bleiben.

Was das institutionelle Christentum antreibt, stützt sich größtenteils auf Werke. Den Gläubigen werden Schuldgefühle gemacht, wenn sie sich nicht entsprechend den Regeln, Vorschriften, Lehren, Traditionen und vielen ungeschriebenen Erwartungen verhalten, die ihnen von jenen auferlegt werden, die über sie bestimmen und verfügen wollen. Sie sind in ihren eigenen Kirchen und Gemeinden unter dem Buchstaben des Gesetzes und der Geist des Lebens wird in ihnen unterdrückt.

Jesus, unsere Sabbatruhe

Aber nun kommt ein Volk hervor, das sich auf das Laubhüttenfest hin ausrichtet, das ins Allerheiligste – den Ort absoluten Glaubens an Gott – eintritt und damit in die verheißene Ruhe kommt.

Diese Menschen interessieren sich nicht länger für Werke um der Werke willen. Sie haben keine eigenen Ziele und Pläne, die sie durchziehen wollen. Sie suchen keinen Gewinn für sich selbst. Ihre einzige Beschäftigung besteht darin, Gottes Willen zu ergründen und ihn dann zu tun.

Wenn wir dem Wort des HERRN gewissenhaft gehorchen, werden wir feststellen, dass er, der Geist der Wahrheit, der Tröster, uns immer in die Ruhe führen wird. Er wird uns in Jesus hineinführen, der für uns zu unserer Sabbatruhe geworden ist.

Mehr als alles andere wollte Jesus klarstellen, dass er die Erfüllung von Gottes Sabbat war. Er war die Erfüllung des ganzen

Gesetzes und der Propheten. Alles, was die Propheten über Gott sagten, wurde in Jesus vollendet, der Gott war.

Das klassische Beispiel für diese Aussage finden wir in Matthäus 12,1-8. Jesus und seine Jünger gingen durch ein Getreidefeld und aßen Ähren, da sie Hunger hatten. Die Pharisäer sahen sie und fragten Jesus, warum sie etwas taten, was das Gesetz am Sabbat verbot. Er gab ihnen zur Antwort, dass er, der Sohn des Menschen, sogar HERR über den Sabbat sei.

Jesus ist die Sabbatruhe für alle, die an ihn glauben, für alle, die ihr Vertrauen darauf bauen, dass er am Kreuz Gottes Werk vollendete.

Es gibt immer noch diejenigen im Christentum, die darüber streiten, ob wir am Samstag, der der Sabbat ist, in die Kirche bzw. Gemeinde gehen und Gott anbeten sollen, oder am Sonntag, dem Tag seiner Auferstehung.

Diese erkennen erstens nicht, dass die Gemeinde das Volk Gottes ist und nicht ein Ort, zu dem man hingeht, und zweitens, dass Gott nicht auf Menschen aus ist, die ihn nur samstags oder sonntags anbeten. *„Es kommt aber die Stunde und ist jetzt, da die wahren Anbeter den Vater in Geist und Wahrheit anbeten werden; denn auch der Vater sucht solche als seine Anbeter. Gott ist Geist* [nicht Gesetz]*, und die ihn anbeten, müssen in Geist und Wahrheit anbeten* [nicht in Gesetzlichkeit]*"* (Joh 4,23.24).

Wir sind der Tempel des Heiligen Geistes. Wir sind lebendige und bewegliche Heiligtümer, in denen Gott der Allmächtige Wohnung genommen hat, damit wir ein auserwähltes Geschlecht, ein königliches Priestertum, eine heilige Nation, ein Volk, das ihm allein gehört, werden – auf dass wir die Wohltaten dessen verkündigen, der uns aus der Finsternis zu seinem wunderbaren Licht berufen hat (vgl. 1 Petr 2,9).

Als Gott Mose die Vorschriften für die Einhaltung des Sabbat und der Feste im Jahresablauf gab, rief er sie wiederholt in die Ruhe. Er gebot ihnen an sechs verschiedenen Stellen in 3. Mose 23: *„Du sollst keinerlei Dienstarbeit tun ..."* Der Ausdruck „Dienstarbeit" deutet das für einen Sklaven charakteristische unterwürfige Verhalten an. Diese Formulierung entstammt dem religiösen Sprachgebrauch. Sie bezeichnet den Dienst für Gott oder seine Anbetung.

Das Alte Testament ist im natürlichen Bereich das Abbild der geistlichen Wirklichkeit im Neuen Testament. Jesus ist für uns zu unserer Sabbatruhe geworden, und wir treten in diese Ruhe ein, indem wir an jedem Tag einer jeden Woche in ihm sind.

Glaube und Gehorsam

Wir müssen heute mehr als je zuvor in die Sabbatruhe eintreten, wenn wir je hoffen, zu der Schar der Gekreuzigten zu gehören.

Wir treten in diese Ruhe ein, indem wir dem Geist Gottes radikal gehorchen. Radikal gehorchen heißt so radikal glauben und auf Gott vertrauen, dass es der Welt als Torheit erscheint.

Josua erhielt die gewaltige Aufgabe, die Festung Jericho einzunehmen. Es gab keine Möglichkeit, das durch menschliche Kraft oder Genialität zu bewerkstelligen. Aber Gott erlegte ihm eine lächerliche Forderung auf.

Bevor Josua gegen Jericho hinaufzog, hatte Gott ihm gesagt, er habe Jericho in seine Hand gegeben (vgl. Jos. 6,2). Josua hatte das Wort von Gott, bevor er es als Wirklichkeit im Natürlichen erlebte. Aber das war alles, was er brauchte. Er kannte Gott. Er hatte eine Beziehung zu diesem Gott. Er wusste, dass Gottes Wort seine Verheißung war. Darauf konnte er sich verlassen.

Sechs Tage lang sollte er einmal um die Stadt herummarschieren. Die Priester sollten die sieben Widderhörner tragen und vor der Bundeslade einherziehen. Die Bundeslade war die Gegenwart Gottes. Wo Gott ist, ist die Kraft Gottes.

Dann, am siebten Tag, sollten sie siebenmal um die Stadt herummarschieren und die Priester sollten in die Hörner stoßen. Dann sollte das Volk ein großes Kriegsgeschrei erheben und dabei würden die Mauern in sich zusammenstürzen.

Nun hatten sie eindeutig etwas zu tun, und manchen war es wohl lästig, sieben Tage lang zu marschieren und zu warten; aber verglichen mit der Aufgabe, die vor ihnen lag, nahmen sie die Stadt in der Ruhe ein. Gott erledigte die ganze Arbeit. Sie mussten nur gehorchen.

Durch die ganze Heilige Schrift hindurch sehen wir immer wieder, wie die Kraft Gottes durch Gehorsam freigesetzt wird. Gehorsam, Glaube und Ruhe sind nur Synonyme – verschiedene Ausdrücke für das Gleiche.

Es wird immer wieder Anweisungen geben, denen wir gehorchen sollen, aber sie werden in Gnade und mit der Salbung des Heiligen Geistes geschehen. Was Gott anordnet, versieht er auch mit seiner Salbung.

Wenn wir feststellen, dass wir uns „abschuften", indem wir in geistlichen Angelegenheiten Sklavenarbeit tun, werden wir Gottes Missfallen erregen. Gott warnte sein Volk einmal, dass jeder, der am Versöhnungstag bei der Arbeit ertappt werden würde, ausgerottet werden sollte (vgl. 3 Mo 23,30). Warum? Weil Jesus das Sühneopfer für die Sünden der Welt war. Wir können unsere Versöhnung (oder Erlösung) nicht durch Werke verdienen.

„Denn aus Gnade seid ihr errettet durch Glauben ..." (Eph 2,8). Wir dürfen diesen Vers niemals außer Acht lassen. Ich nenne ihn die Richtschnur des Evangeliums. Fügt irgendjemand etwas hinzu oder versucht jemand, etwas davon wegzunehmen, gehört er zur Partei der Beschneidung – er will uns wieder unter das Gesetz bringen.

Das Wort, das in 3. Mose 23 mit „Dienstarbeit" übersetzt wird, kann man auch mit „**anstrengende** Arbeit" übersetzen. Wenn jemand in Christus ist und mehr zu tun hat, als er schaffen kann, sind manche dieser Dinge nicht vom HERRN. Er ist in Unruhe und aus dem Glauben herausgefallen. Er hat sich toten Werken zugewandt – Holz, Heu und Stoppeln, die ins Feuer geworfen und verbrannt werden müssen.

Die einzigen bleibenden Werke aus Gold und Silber werden durch das Schmelzfeuer des Gehorsams hervorgebracht. Gott ist am Werk und führt das aus, was bereits vollendet wurde.

> *Lasst uns nun eifrig sein, in jene Ruhe einzugehen ...* (Hebr 4,11).

Gehorchen Sie ihm ausdrücklich in jeglicher Hinsicht.

Leben Sie zu dieser entscheidenden Stunde, bevor er wiederkommt, das gekreuzigte Leben, sodass die Herrlichkeit des HERRN in und durch Sie offenbar wird.

Kapitel 10

Alte Ordnung / Neue Ordnung: Gott, der „Ich bin“, in uns

Die Gekreuzigten stellen in unserer Zeit eine neue Gattung von Christen dar, die einer alten Art von Christen gegenübersteht.

Letztere stehen im Wesentlichen unter dem Gesetz – nicht unbedingt unter dem Gesetz des Alten Testaments, sondern unter selbst gemachten Gesetzen. Sie leben unter der Regentschaft von Regeln und Vorschriften, weil sie nicht durch die Kraft und das Leben Gottes, die in ihnen wirken, regiert und motiviert werden.

Geben

Unter der alten Ordnung muss der Christ zum Geben gedrängt werden. Unter der neuen Ordnung ist der Christ von sich aus ein Geber. Der Christ alter Ordnung steht unter dem Gesetz des Zehnten. Der Christ neuer Ordnung ist der Zehnte – alles, was er ist und hat, ist ein Opfer von Erstlingsfrüchten für seinen Gott.

Alles, was er ist und hat, stellt er Gott zur Verfügung. Er muss nicht vom Prediger ermahnt werden, etwas zu tun oder zu geben. Er geht dem Prediger einen Schritt voraus. Er ist in ständiger Übereinstimmung mit dem Heiligen Geist, der ihn in allem Tun, Reden oder Geben leitet.

Treue

Unter der alten Ordnung muss der Christ zur Treue gedrängt werden. Unter der neuen Ordnung ist er von sich aus treu. Er kommt und geht und handelt nach des Vaters Willen.

Er ist treu, weil er vertraut. Er glaubt an Gott und setzt sein Vertrauen auf Gott und ist voller Zuversicht, dass *„... denen, die Gott lieben, alle Dinge zum Guten mitwirken, denen, die nach seinem Vorsatz berufen sind"* (Röm 8,28).

Da er Gott vertraut, ist er auch selbst vertrauenswürdig. Über Jahre hinweg habe ich beobachtet, dass man solchen nicht vertrauen kann, die anderen nicht vertrauen können. Wir neigen dazu, das auf andere zu projizieren, was wir bei uns selbst sehen.

Vertrauensvolle Menschen sind treue Menschen. Treue Menschen sind gehorsame Menschen. Das heißt nicht, dass sie treu und gehorsam das tun, was ihnen gesagt wird; sie sind treu und gehorsam, das zu sein, wozu sie gemacht wurden. Mit anderen Worten, Treue und Gehorsam resultieren aus dem, wer sie sind. Sie wurden von ihrem Schöpfer gestaltet und umgestaltet, um so zu sein, wie er ist.

Das Verhältnis zur Gemeinde

Diese wichtige Unterscheidung zwischen dem Christen der alten Ordnung und dem Christen der neuen Ordnung wird nun immer offensichtlicher.

Der Christ der alten Ordnung geht in die Kirche/Gemeinde. Man muss ihn darauf programmieren, das zu tun, man muss ihn ermahnen, regelmäßig zu kommen, man muss ihn anspornen, am Programm teilzunehmen und so weiter. Die Gemeinde ist das, was er tut. In den meisten Fällen ist die Gemeinde seine Religion.

Aber der Christ der neuen Ordnung **ist** die Gemeinde.

Er sieht sich selbst als echten verlängerten Arm von Jesus Christus in der heutigen Welt. Man muss ihn nicht ermahnen, in die Kirche zu gehen; er ist der Tempel des Heiligen Geistes zusammen mit allen anderen wahren Gläubigen.

In dieser neuen Ordnung, in dieser neuen Gattung ist man es überdrüssig, Gemeinde zu spielen. Diese Christen haben am „Kirchentum“ kein Interesse mehr. Sie sehen sich in die Welt gesandt, um die Gemeinde zu sein.

Es ist ihnen völlig klar, dass sich der Leib von Zeit zu Zeit versammeln muss, um sich gegenseitig durch die Dienste, Gaben und Früchte des Geistes, die dem Leib gewährt wurden, zu stärken. Sie versammeln sich, um sich zu stärken, und zerstreuen sich, um zu dienen.

Beten

Der Christ der alten Ordnung muss zum Beten ermahnt werden, während der Christ der neuen Ordnung selbst das Gebet ist. Das heißt, er lebt in ständiger Gemeinschaft mit dem Vater durch den Geist, sodass er die Gedanken und Gesinnung Christi kennt und das Bild des Vaters durch Christus angenommen hat. Er muss nicht um Antworten „beten“, vielmehr ist er die Antwort auf das Gebet.

Er betet nicht unbedingt für jemanden um Heilung. Er heilt ihn in Jesu Namen, wenn er durch den Geist erkennt, dass Heilung das ist, was der Vater gerade tut. Wie sein großer Bruder Jesus vor ihm tut er nur das, was er den Vater tun sieht.

Er ist ein wandelndes Gebetstreffen!

Fasten

Er fastet vielleicht oft. Aber sein größtes Fasten besteht nicht im zeitweisen Verzicht auf bestimmte Nahrungsmittel und Getränke, sondern im gänzlichen und ununterbrochenen Verzicht auf sein eigenes selbstsüchtiges Leben. Deshalb wird er zum lebendigen Fasten(opfer) für seinen Gott.

Lobpreis

Er muss nicht zum Lobpreis ermahnt werden, wie das bei den Christen der alten Ordnung der Fall ist. Er lebt zum Lobpreis seines Vaters. Lobpreis quillt aus seinem Innersten wie Ströme lebendigen Wassers. Er lobt und preist den ganzen Tag. Lobpreis ist für immer und ewig auf seinen Lippen. Er kann nicht anders, als Gott zu loben und zu preisen, da der Lobpreis seines Gottes aus seinem überfließenden Herzen strömt.

Anbetung

Das Gleiche gilt für Anbetung! Er braucht kein Gemeindeprogramm, das ihm sagt, wann er anbeten soll. Er braucht nicht an den festgesetzten Feiertagen zu diesem oder jenem Berg zu gehen (oder in diese oder jene Kathedrale), bevor er Gott anbeten kann. Und auch der Vater sehnt sich nicht nach dieser Form der Anbetung.

Denn die Stunde kommt und ist jetzt, dass der Vater ein Volk sucht, das ihn in Geist und Wahrheit anbetet (vgl. Joh 4,23).

Du kannst ihn nicht in Wahrheit anbeten, außer im Geist. Er ist sowohl Geist als auch Wahrheit. Deshalb muss ihn der wahre Anbeter anbeten, während er in ihm bleibt.

Gutes tun

Der Christ alter Ordnung musste ermahnt werden, Gutes zu tun. Er braucht genau vorgegebene Gesetze, Glaubensbekenntnisse, Lehren, Regeln und Vorschriften, damit er weiß, wie er gerecht leben soll. Aber das ist Gesetz. Der Buchstabe tötet.

Der Geist Gottes, der im Christen der neuen Ordnung wohnt, ist selbst der Verwalter des Gesetzes, das in das Herz des Gläubigen geschrieben ist.

Dieser Christ der neuen Ordnung ist die Gerechtigkeit Gottes.

> *... der [Jesus] unsere Sünden an seinem Leib selbst an das Holz hinaufgetragen hat, damit wir, den Sünden abgestorben,* ***der Gerechtigkeit leben****; durch dessen Striemen ihr geheilt [gerettet, vollständig gemacht] worden seid* (1 Petr 2,24).

Den [Jesus], der Sünde nicht kannte, hat er [Gott] für uns zur Sünde gemacht, damit ***wir Gottes Gerechtigkeit würden in ihm*** (2 Kor 5,21).

Für den Christen der neuen Ordnung ist es nicht ausschlaggebend, Gutes zu tun, da die Güte Gottes durch ihn offenbart wird.

Tun/sein

Und das gilt auch für alles andere, was das christliche Leben betrifft. Die alte Ordnung ist eine äußerliche Ordnung, in der man tut, während die neue Ordnung die innere Wirklichkeit des Seins ist.

Natürlich trifft es zu, dass das Innere eines Menschen sein äußeres Verhalten bestimmt. Der Unterschied zwischen religiös sein und wiedergeboren sein ist folgender: Wer wiedergeboren ist, dessen Wesen wird durch die Kraft Gottes umgestaltet. Die Religion kann bestenfalls das äußere Verhalten eines Menschen steuern oder verändern.

Der Wiedergeborene ist nicht mehr, was er früher war. *„Daher, wenn jemand in Christus ist, so ist er eine neue Schöpfung; das Alte ist vergangen, siehe, Neues ist geworden“* (2 Kor 5,17).

Gottgefällig leben

Der alte, fleischliche Mensch wurde im Tod und im Begräbnis Jesu Christi gekreuzigt und begraben. Er ist damit, so weit es Gott betrifft, Geschichte. Nur der Teufel und das Fleisch selbst haben ein Interesse daran, den alten, fleischlichen Menschen am Leben zu erhalten.

Der Christ der alten Ordnung versucht bestenfalls, Frömmigkeit nachzuahmen und Christus zu imitieren. Der Christ der neuen Ordnung hat das echte Wesen Gottes in sich, das in ihm geboren wurde, und wird so von Tag zu Tag Gott immer ähnlicher. Wie Gott ist – so ist er!

Gott, der „Ich bin“

Als Gott Mose aufrief, nach Ägypten zu gehen und die Israeliten aus ihrer Knechtschaft zu befreien, wollte Mose wissen, was er ihnen sagen sollte, wenn sie nach dem Namen des Gottes ihrer Väter fragten. Gott antwortete *„Ich bin, der ich bin“* (2 Mo 3,13-14). Dies bezieht sich auf den Namen YHWH, oder Jahwe (auch mit „Jehova“ wiedergegeben), der von dem Verb *hayah* („sein“) abgeleitet ist. Das Verb des Seins! Gott ist keine Figur der Geschichte mit einer Vergangenheit und einer Zukunft. Er ist immer und ewig gegenwärtig. Er ist!

Aus diesem Grunde ist Jesus, der Gott ist, *„... derselbe gestern und heute und in Ewigkeit“* (Hebr 13,8).

Gott hat die Zeit erfunden. Er ist der Initiator der Geschichte. Er kennt das Ende schon vor dem Anfang. Er hat es bestimmt. In seiner Souveränität und Allmacht kann er jedoch dem Menschen einen freien Willen gewähren (Seine Wege sind nicht unsere Wege ... – vgl. Jes 55,8).

Zu verstehen, dass Gott der „Ich bin“ ist, hilft uns in unserem Glauben sehr.

Sein Wesen in uns tragen

Aber es geht noch darüber hinaus.

Jesus machte klar, dass er der „ICH BIN“ des Alten Testaments war (vgl. Joh 8,58). Im ganzen Johannesevangelium wurden die griechischen Wörter *ego eimi* verwendet – was wörtlich übersetzt „Ich, ich bin“ bedeutet –, um Jesus zu erklären. Er verwendete diesen Ausdruck und sagte über sich selbst:

ICH BIN

- der Messias (vgl. Joh 4,25-26)
- das Brot des Lebens (vgl. Joh 6,35.48.51)
- das Licht der Welt (vgl. Joh 8,12)
- die Tür der Schafe (vgl. Joh 10,7)
- die Auferstehung und das Leben (vgl. Joh 11,25)

- der Meister (Lehrer) und HERR (vgl. Joh 13,13)
- der Weg, die Wahrheit und das Leben (vgl. Joh 14,6)
- der wahre Weinstock (vgl. Joh 15,1)
- Jesus (was Errettung bedeutet; vgl. Joh 18,5-8)

„Denn wie er ist, so sind auch wir in der Welt“ (1 Joh 4,17):

- Er ist Liebe, deshalb sind wir Liebe.
- Er ist gerecht, deshalb sind wir gerecht.
- Er ist Glaube, deshalb sind wir Glaube.
- Er ist Geist, deshalb sind wir Geist.
- Er ist Wahrheit, deshalb sind wir Wahrheit.
- Er ist ewiges Leben, deshalb sind wir ewiges Leben.
- Er ist! Deshalb sind wir!
- Da er der große ICH BIN ist, wurden wir in ihm kleine „Ich bin's“.

Jesus sagte von sich selbst *„Ich bin das Licht der Welt“* (Joh 8,12). Zu seinen Jüngern sagte er: *„Ihr seid das Licht der Welt“* (Mt 5,14). Die einzige Möglichkeit, Licht zu sein, bestand für seine Jünger darin, dass das Licht des Lebens in ihnen lebte und durch sie schien. Man kann ihn nicht kopieren. Entweder man hat sein Wesen wirklich angenommen oder man ist ein Schwindler.

Dies ist kein Egotrip, auf den wir uns jetzt begeben. Ich erinnere den Leser daran, dass wir durch Buße hineingelangen: Sanftmut, Freundlichkeit, Demut, Unterordnung, Treue, Gehorsam. Wir ziehen sein Wesen an – das Wesen dessen, der sich selbst entäußerte.

Die Christen der neuen Ordnung, diese neue Gattung der Gekreuzigten, werden ihm immer ähnlicher. Es geht weniger um das Tun und mehr um das Sein.

Jesus tat, was er tat, weil er war, der er war. So ist es auch mit uns, die wir von Herrlichkeit zu Herrlichkeit, von Glauben zu Glauben weitergehen – wir werden mehr aus dem heraus tun, wer wir sind, als auf der Grundlage irgendwelcher religiöser Erwartungen, die uns auferlegt wurden.

KAPITEL 11

Wasser wird zu Wein

Das Hervorbringen der Gekreuzigten ist das Neue, das Gott heute in der Welt tut. Sie sind der neue Wein, der in die neuen Schläuche gefüllt wird.

Als Jesus das Wunder in Kana vollbrachte (vgl. Joh 2), verwandelte er Wasser in Wein. In der Bibel ist das Wasser im Allgemeinen ein Bild für das Wort Gottes (vgl. Eph 5,26), und der Wein stellt das Blut Jesu dar, wie er über sich selbst im Zusammenhang mit dem Abendmahl sagte. „*... Ebenso auch den Kelch nach dem Mahl und sagte: Dieser Kelch ist der neue Bund in meinem Blut, das für euch vergossen wird*“ (Lk 22,20).

Erst wenn das Wasser des Wortes Gottes zum Wein des Blutes Gottes wird, hat es überhaupt eine erlösenden Wirkung. Jesus war das Wort, das Fleisch geworden war (vgl. Joh 1,1.14). Er war auch das Lamm Gottes (vgl. Joh 1,36; Offb 5,5-10). Er kam als Wort und starb als Lamm. Das Wort wurde zu Blut; das Wasser wurde zu Wein.

Der prophetische Charakter des Ereignisses

Ich glaube, dass Johannes durch den Heiligen Geist dieses Wunder von Kana absichtlich so beschreibt: „*Das ist das erste Zeichen, das Jesus tat, geschehen in Kana in Galiläa, und er offenbarte seine Herrlichkeit ...*“ (Joh 2,11 LUT). Das ist ein prophetischer Hinweis auf Jesu Kreuzigung und auch auf das Hervorkommen der Gekreuzigten in dieser letzten Zeit.

Die Tatsache, dass dies im Zusammenhang mit einer Hochzeit geschah, ist bezeichnend. Die Bibel beginnt und endet ja mit einer Hochzeit. Am Anfang schuf er den Menschen, und aus ihm schuf er eine Gehilfin und erklärte: *„... sie werden zu einem Fleisch werden“* (1 Mo 2,24).

Epheser 5,22-23 zeigt den Zusammenhang zwischen Mann und Frau und Christus und der Gemeinde. In der ganzen Bibel werden Gott und Christus als Mann oder Bräutigam betrachtet, während Israel und die Gemeinde als seine Frau oder Braut angesehen werden. Aus Gottes Perspektive sind Israel und die Gemeinde ein und dasselbe. Er hatte und hat immer nur eine Braut im Auge. Er ließ sich nicht von einer scheiden, um eine andere zu heiraten. Er ließ sich vom untreuen Israel scheiden (vgl. Jer 3,8), verhieß jedoch Israels Wiederherstellung in Zion (Jer 3,14-19).

Johannes der Täufer wird, als er über Jesus sprach, wie folgt zitiert: *„Der die Braut hat, ist der Bräutigam“* (Joh 3,29).

Jesus selbst verglich seine Wiederkunft mit einem Hochzeitsfest, zu dem fünf kluge und fünf törichte Jungfrauen eingeladen waren (vgl. Mt 25,1-13).

Offenbarung 19,7-9 beschreibt dieses Hochzeitsfest am Ende der Zeit anschaulich: *„Lasst uns fröhlich sein und frohlocken und ihm die Ehre geben; denn die Hochzeit des Lammes ist gekommen, und sein Weib hat sich bereitgemacht. Und ihr wurde gegeben, dass sie sich kleide in feine Leinwand, glänzend, rein; denn die feine Leinwand sind die gerechten Taten der Heiligen ... Glückselig, die geladen sind zum Hochzeitsmahl des Lammes ...“*

Es ist bezeichnend, dass die Hochzeit zu Kana am dritten Tag nach Jesu Taufe durch Johannes im Fluss Jordan stattfand, die den Beginn seines Dienstes kennzeichnete. In der Bibel bedeutet die Zahl Drei die Vollständigkeit des Zeugnisses. Deshalb deutet der dritte Tag möglicherweise auf die Verherrlichung von Christus in seiner Auferstehung hin (vgl. Apg 10,40; Lk 13,32).

Gleicherweise ist das Hervorkommen der Gekreuzigten in dieser letzten Stunde die erwartete Manifestation (Offenbarung) der Söhne Gottes, über die in Römer 8,18-19 gesprochen wird.

Denn ich denke, dass die Leiden der jetzigen Zeit nicht ins Gewicht fallen gegenüber der zukünftigen Herrlichkeit, die an uns geoffenbart werden soll. Denn das sehnsüchtige Harren der Schöpfung wartet auf die Offenbarung (das Hervorkommen) der Söhne Gottes.

Darüber hinaus denke ich, dass es auch bezeichnend ist, dass die Mutter Jesu dort war, um sowohl den Sohn als auch die Diener zu beauftragen. Die Gemeinde als Ganzes wurde immer als Mutterfigur betrachtet. Offenbarung 12 berichtet von dem männlichen Kind, das unter heftigen Wehen von der Frau geboren werden soll. Dieses männliche Kind ist zunächst ein Bild von Christus selbst, dann aber auch ein Bild für den Christus-Menschen, der in Form vieler Söhne (männliche und ebenso weibliche) in dieser letzten Stunde offenbar werden soll.

Radikaler Gehorsam

Und als es an Wein mangelte, spricht die Mutter Jesu zu ihm: Sie haben keinen Wein. Jesus spricht zu ihr: Was habe ich mit dir zu schaffen, Frau? Meine Stunde ist noch nicht gekommen (Joh 2,3-4).

Jesus bezog sich hier eindeutig nicht auf seine Stunde, Wunder zu wirken, weil er unverzüglich eines wirkte. Er bezog sich stattdessen auf die Stunde seiner festgesetzten Kreuzigung. Dadurch verband er dieses Ereignis der Hochzeit und des Wunders mit dem Wein mit dem Vergießen seines kostbaren Blutes am Kreuz.

Maria, die sehr wohl wusste, wer ihr Sohn war, und die vielleicht ein Wort der Erkenntnis hatte, dass er im Begriff war, dieses Wunder zu wirken, wandte sich an die Diener und wies sie an, das zu tun, was er ihnen sagte (Vers 5). Die Diener mussten nicht nur gewusst haben, wer Maria war, sondern respektierten auch ihre Autorität in dieser Situation.

Ich glaube nun, dass die Diener symbolisch den geistlichen Dienst darstellen; genauer gesagt, die Dienste zur Ausrüstung der Heiligen aus Epheser 4,11. (Wenn wir von der Heiligen Schrift ausgehen, sollte sich jeder Gläubige als Diener sehen, auch wenn wir Kinder, Söhne, Priester und so weiter sind.)

Das griechische Wort, das hier in Johannes 2 für Diener benutzt wird, lautet *diakonoi*. Von diesem Wort leitet sich unser Wort Diakon ab. Damit ist in erster Linie jemand gemeint, der die Arbeit eines Dieners tut.

Die ausrüstenden Dienste von Epheser 4,11 haben eine besondere Salbung vom Heiligen Geist, das Wort Gottes zu predigen und zu lehren. Ihnen wird Verantwortung über das Wort übertragen. In den frühen Tagen der Gemeinde übertrugen die Apostel der Versammlung die Aufgabe, Diakone (*diakonoi*) zu ernennen, die sich um die weltlichen Angelegenheiten des Leibes kümmern sollten, damit sie sich selbst beständig dem Gebet und dem Dienst (*diakonia*) des Wortes (vgl. Apg 6,1-7) widmen konnten. Sowohl die Apostel als auch die Diakone sind Diener. Sie unterscheiden sich nur in ihrer Tätigkeitsbeschreibung.

Paulus erklärte, dass er und Apollos – und ich bin sicher, er würde hierin auch Petrus und den ganzen Rest einschließen –, *„Diener sind [sie], durch die ihr gläubig geworden seid"* (1 Kor 3,5 LUT).

Deshalb sagt die Mutter Maria den Dienern, sie sollten tun, was Jesus sagt.

Gehorsam ist der Echtheitsstempel der Gekreuzigten. Seit jenem Tag wird jeder, der nicht bereit ist, seinen Eigenwillen in Ehrerbietung gegen das Haupt, Jesus Christus, niederzulegen, und ihm in jeglicher Hinsicht radikal zu gehorchen, das letzte und größte Wunder Gottes verpassen. Tun Sie, was er Ihnen sagt, koste es Ihr Ich und Ihren Ruf, was es wolle!

Die Erneuerung des Wortes

„Es waren aber sechs steinerne Wasserkrüge dort aufgestellt" (Joh 2,6). In der Bibel bezeichnet die Zahl „Sechs" im Allgemeinen den Menschen.

Ich persönlich glaube, dass die Zahl 666 (vgl. Offb 13,18) die Fülle des Menschen bedeutet – jenen Zeitpunkt, wenn sich die fleischliche Gesinnung des Menschen zum Äußersten erhoben haben wird, über die Erkenntnis Gottes hinaus. Obwohl ich nicht die Möglichkeit außer Acht lasse, dass der Antichrist, der Gräuel der Verwüstung an heiliger Stätte (vgl. Mt 24,15; Dan 9,27) auch eine einzelne Person sein könnte, bin ich derzeit mehr über den Gräuel der fleischlichen Gesinnung von Christen besorgt, der die heilige Stätte ihres Geistes verwüstet.

Die Tatsache, dass dort sechs Wasserkrüge standen, bedeutet meiner Meinung nach diese Fülle des Menschen; dass es Steinkrüge waren, deutet darauf hin, dass unser eigenes Leben ein Gefäß ist. „*Wir haben aber diesen Schatz in irdenen Gefäßen ...*“ (2 Kor 4,7).

Deshalb ist es besonders bedeutsam, dass Jesus, der selbst das Wasser des Lebens ist, den Dienern (Geistlichen) sagen sollte: „*Füllt die Wasserkrüge mit Wasser!*“ und so „*... füllten sie [sie] bis oben an*“ (Joh 2,7).

Während der letzten Jahrzehnte hat in Bezug auf das Wort Gottes ein tief greifender Wandel stattgefunden. Viele Kirchen bzw. Gemeinden bezeichnen sich heute zu Recht oder Unrecht als „Gemeinde des Wortes“.

Die Evangelikalen legten auf eine korrekte Interpretation von Bibelstellen Wert. Daraus leiteten sie die für sie korrekten Glaubenslehren ab.

Die Charismatiker betonen, dass man das Wort Gottes für sein eigenes Leben kennen sollte, dass man das Wort aufgrund des Segens, den es verheißt, bekennen sollte, dass man das Wort in den Geist aufnehmen sollte, und dass man das Wort unter anderem dazu verwenden sollte, um die Finsternismächte zu besiegen.

Durch diese Erneuerung im Wort Gottes nahm die zuvor vorrangige Bedeutung der Kirchenlehren und -dogmen immer mehr ab bis zu dem Punkt, dass viele Kirchgänger die Unantastbarkeit der Lehren ihrer Denominationen gänzlich ablehnen. Es geht ihnen dabei um mehr, als einfach nur die Bibel wieder zu entdecken. Es geht ihnen darum, **das Wort** zu ergreifen.

Aber wie ich schon am Anfang dieses Kapitels sagte: Bevor nicht das Wasser des Wortes Gottes zum Wein des Blutes Gottes wird, hat es keine Kraft zu erlösen.

Die Diener damals gehorchten! Die Prediger haben auf dieses Wirken des Heiligen Geistes, das Wort wieder lebendig zu machen, reagiert. Sie füllen die irdenen Gefäße der Gläubigen, die nach dem Wort hungern, bis an den Rand.

Nun geht der Ruf an die Diener aus, etwas Wasser aus den Krügen zu schöpfen und es dem Speisemeister zu bringen. So weit ich das beurteilen kann, ist das Wasser in den Krügen immer noch Wasser. Aber irgendwo auf dem Weg vom Krug zum Küchenchef verwandelte sich das Wasser in Wein.

Irgendwo zwischen dem Zeitpunkt, an dem der gehorsame Prediger das gesalbte Wort Gottes predigt, und dem Zeitpunkt, an dem es jenen in die Ohren dringt, **die es tun**, muss sich das Wasser des Wortes in das Blut des gekreuzigten Lebens verwandeln. Wenn das nicht geschieht, ist seine Erlösungskraft null und nichtig.

Die Erneuerung des Blutes

> *Als aber der Speisemeister das Wasser gekostet hatte, das Wein geworden war – und er wusste nicht, woher es war, die Diener aber, die das Wasser geschöpft hatten, wussten es, ruft der Speisemeister den Bräutigam und spricht zu ihm: Jeder Mensch setzt zuerst den guten Wein vor, und wenn sie trunken geworden sind, dann den geringeren; du hast den guten Wein bis jetzt aufbewahrt* (Joh 2,9-10).

Bis jetzt hat es genügend Wein gegeben. Guten Wein. Wie kann der Wein von Jesus jemals anders sein als gut und vollkommen? Und doch gibt es die Verheißung, dass noch besserer Wein kommt. Der beste soll zum Schluss kommen; das heißt, die größte Bewegung des Heiligen Geistes steht noch aus.

So, wie es in den letzten Jahrzehnten eine Erneuerung des Wortes gegeben hat, muss jetzt eine **Erneuerung des Blutes** stattfinden. Es wird nicht nur die Offenbarung des gekreuzigten Lebens geben, sondern diese Offenbarung geht mit der Vollmacht Gottes, das Wasser in Wein und das Wort in Blut zu verwandeln, einher.

Wenn das Wasser des Wortes, das einer hat, nicht in den Wein von Jesu Blut verwandelt werden darf, wird dieses Gefäß in die Irre gehen. Es ist gefährlich, Wissen um des Wissens willen oder mit egoistischen Absichten zu erwerben.

Man kann das Wort Gottes nicht ohne das Lamm Gottes haben. *„Dieser ist es, der gekommen ist durch Wasser und Blut, Jesus Christus; nicht im Wasser allein, sondern im Wasser und im Blut. Und der Geist ist es, der [dies] bezeugt, denn der Geist ist die Wahrheit.* ***Denn es sind drei, die [es] bezeugen, der Geist und das Wasser und das Blut, und die drei sind einstimmig"*** (1 Joh 5,6-8).

Zuerst kommt das Wasser des Wortes, dann das Blut des Lammes, und dann die Macht des Heiligen Geistes, um das Wasser des Wortes in all denen, die täglich ihr Kreuz auf sich nehmen, um ihm zu folgen, in den Wein des Blutes zu verwandeln. Alle drei sind nötig, um das Zeugnis Christi auf der Erde zu vollenden, ob in Christus selbst oder in seinen Gekreuzigten.

Sich ausliefern

Es kann sich kein Mensch selbst kreuzigen. Hier treten die Gnade und Macht Gottes immer wieder auf den Plan. Sollte jemals einer von uns hoffen, zu dieser Schar der Gekreuzigten zu gehören, muss er bereit sein, das einzig Mögliche zu tun: er muss sich dem läuternden, reinigenden Feuer des Heiligen Geistes überlassen, dessen Wunsch es ist, ihn in die Vollkommenheit zu führen. Wir können **uns** lediglich als lebendiges Opfer **darbieten** (vgl. Röm 12,1).

Neuer Wein in neuen Schläuchen

Dieser neue und bessere Wein wurde auf dem Hochzeitsfest in Kana angeboten, nachdem der ganze ursprüngliche Wein ausgegangen war. Der erste Wein war soweit ganz in Ordnung. Aber die Menge, die wir bis jetzt hatten, reicht nicht für die restliche Wegstrecke aus.

Erlauben Sie mir einen anderen Vergleich. Der Wein, den wir bis jetzt hatten, wurde in den Schläuchen menschlicher Traditionen herumgetragen. Diese alten Schläuche sind hart und brüchig geworden. Sie können den neuen Wein, der jetzt hervorkommt, nicht halten. Häufig hat man das Evangelium mit menschlichen Traditionen verwechselt, die es fassen wollten. Man setzte die Weinschläuche mit dem Wein gleich.

Der fleischliche Mensch versucht immer, Gottes Wirken festzuhalten, indem er es institutionalisiert. Er will es in selbst gemachte Schläuche füllen. Früher oder später wird dann der Schlauch mehr verherrlicht als der darin befindliche Wein und wird zur Ikone unserer Anbetung.

Jedes Mal, wenn wir versuchen, einen neuen Aufbruch Gottes in die alten Weinschläuche unserer Traditionen zu füllen oder „einzufrieren", um ihn für immer zu bewahren, werden wir ihn sofort zerstören.

Gott lässt nicht zu, dass Fleisch an seiner Herrlichkeit Anteil hat. Er hat uns den Geist nicht dafür geschenkt, damit dadurch das hurerische Kirchensystem gut dasteht.

Dieser letzte große wunderbare Aufbruch Gottes, bei dem er das Wasser in Wein – das Wort in Blut – verwandelt, kann nicht in die alten Weinschläuche des „Kirchentums" gefüllt werden. Suchen Sie nicht nach der nächsten, letzten oder großen Erweckung innerhalb der Mauern der Denominationen. Sie wird dort nicht geschehen, weil sie dort nicht geschehen kann. Wer an ihr teilhaben möchte, wird bald aus den Denominationen herauskommen müssen.

Aus diesem Grund gestaltet er selbst seine eigenen Weinschläuche für seinen wunderbaren neuen Wein. Es ist seine Gemeinde ohne Mauern.

> *Diesen Anfang der Zeichen machte Jesus zu Kana in Galiläa und offenbarte seine Herrlichkeit; und seine Jünger glaubten an ihn* (Joh 2,11).

Die einzige Möglichkeit, wie Jesus verherrlicht werden kann, besteht darin, dass er in seinem gekreuzigten Leben erhöht wird. Er sagte: *„Und wie Mose in der Wüste die Schlange erhöhte, so* *muss der Sohn des Menschen erhöht werden, damit jeder, der an ihn glaubt, ewiges Leben habe ... damit jeder, der an ihn glaubt, nicht verloren gehe ...*" (Joh 3,14-16).

Und wiederum sagte er: „*Und ich, wenn ich von der Erde erhöht bin, werde alle zu mir ziehen. Dies aber sagte er, um anzudeuten, welches Todes er sterben sollte*" (Joh 12,32-33).

Es hat sich aber nichts geändert. Das Kreuz Jesu Christi ist immer noch die einzige Macht, die die Erlösung bringen kann. Und die einzige Möglichkeit, Jesus ständig so zu erhöhen, dass alle Menschen zu ihm hingezogen werden, besteht darin, dass alle Menschen sehen können, wie der gekreuzigte Jesus in seinen und durch seine Gekreuzigten konkret zum Ausdruck kommt.

Und insofern jene, die Jesus in seine Taufe der Leiden folgen, die also dem Lamm in radikalem Gehorsam überallhin folgen und dabei in sein Bild umgestaltet werden und ihm erlauben, dass er in ihnen und durch sie lebt in der Gestalt des vielgliedrigen, offenbarten, mannhaften Sohnes – insofern diese wirklich hervorkommen –, sind sie der neue Wein, der in einen neuen Weinschlauch gegossen wird.

Es ist das Leben Jesu selbst, das erneut wie ein Opfer ausgegossen wird – dieses Mal jedoch durch seine Gekreuzigten. Das ist der Vorgeschmack auf das Laubhüttenfest.

Kapitel 12

Der Weg, die Wahrheit und das Leben

Wie es in Johannes 14,2-6 berichtet wird, tröstete Jesus seine Jünger im Hinblick auf sein Weggehen: er sagte ihnen, er werde ihnen, wenn er gehen müsse, einen Platz im Haus seines Vaters bereiten und wiederkommen, um sie zu sich zu nehmen, „*... damit auch ihr seid, wo ich bin.*"

Und er fährt fort: „*Und wohin ich gehe, dahin wisst ihr den Weg.*" Aber Thomas antwortete ihm: „*Herr, wir wissen nicht, wohin du gehst. Und wie können wir den Weg wissen?*"

Jesus nutzte diese Gelegenheit, um zu erklären, dass er selbst „*der Weg, die Wahrheit und das Leben*" ist.

Er ist der Weg, die Wahrheit und das Leben, und zwar genau in dieser Reihenfolge.

Der Weg

Zuerst ist Jesus der Weg, der Weg zur Errettung. Niemand kommt zum Vater als nur durch Jesus (vgl. Joh 14,6b).

Ganz sicher ist er die Tür der Schafe (vgl. Joh 10,7). Menschen versuchen auf vielen anderen Wegen in das Reich Gottes zu kommen. Aber diese sind Diebe und Räuber (vgl. Joh 10,1). Niemand kann in das Reich Gottes hineinkommen, wenn er nicht bereit ist, sich selbst bis zum Tod zu erniedrigen und durch die Tür zu gehen, die die Person Jesu darstellt: mit ihm in seiner Taufe begraben zu werden und mit ihm in seiner Auferstehung auferweckt zu werden (vgl. Röm 6,4).

Das entspricht dem Dienst im Vorhof: das Lamm Gottes, der Retter der Welt, wird geopfert. „... *Und du sollst seinen Namen Jesus nennen; denn er wird sein Volk erretten von seinen Sünden*“ (Mt 1,21).

Er ist der Weg, die Straße, der schmale Pfad, der zum Leben führt. „*Geht ein durch die enge Pforte; denn weit ist die Pforte und breit der Weg, der zum Verderben führt, und viele sind, die auf ihm hineingehen. Denn eng ist die Pforte und schmal der Weg, der zum Leben führt, und wenige sind, die ihn finden*“ (Mt 7,13-14).

> *Da ist ein Weg, der einem Menschen gerade erscheint, aber zuletzt sind es Wege des Todes* (Spr 14,12).

Bis zum heutigen Tag diskutieren fleischlich gesinnte Menschen darüber, ob Jesus der unstrittige Weg Gottes zu Gott hin ist. Es beleidigt das fleischliche Denken des Menschen, das sich über die Erkenntnis Gottes überhebt, dass Gott so engstirnig sein sollte. Es beleidigt den Intellektuellen, der entweder glauben möchte, dass er selbst fähig ist, sich zu retten, oder bestenfalls glaubt, dass alle Religionen in einen gemeinsamen Gott münden.

Aber Gott hat sich durch Jesus, seinen eingeborenen Sohn, den Messias Gottes, geoffenbart. Jesus sagte: „*Wer mich gesehen hat, hat den Vater gesehen*“ (Joh 14,9). Genau das ist der Weg Gottes zur Errettung. „*Jeder, der den Namen des Herrn anruft, wird errettet werden*“ (Apg 2,21). „... *Wenn du mit deinem Mund Jesus als Herrn bekennen und in deinem Herzen glauben wirst, dass Gott ihn von den Toten auferweckt hat, wirst du errettet werden*“ (Röm 10,9).

Der Weg ist keine Formel, keine Lehre, keine Religion oder irgendetwas Ähnliches. Der Weg ist die Person Jesu Christi. Jesus als Weg ist der Vorhof des Passah.

Die Wahrheit

Jesus ist nicht nur in erster Linie der Weg, sondern er ist auch die Wahrheit. Bei zahlreichen Gelegenheiten sagte er absichtlich zu den Juden: „*Ich sage euch die Wahrheit ...*“ (vgl. Joh 8,40-46).

Damit wollte er nicht nur den Gegensatz zwischen der Wahrheit und der Heuchelei der Religion der Pharisäer aufzeigen, sondern auch erklären, wer er selbst war.

Er sagte nicht nur die Wahrheit. Er kannte nicht nur die Wahrheit. Er war die Wahrheit.

Jesus gebot den Juden, die an ihn glaubten, in seinem Wort zu bleiben. Er sagte nicht: „... in meinen Worten ...", sondern: *„... in meinem Wort ..."* (vgl. Joh 8,31). Das war nur eine andere Formulierung seiner Rede *„bleibt in mir"*, wie er es in Johannes 15,1-8 ausführte (wo es um den wahren Weinstock und die Reben geht). Denn Jesus war das fleischgewordene Wort Gottes.

„Im Anfang war das Wort, und das Wort war bei Gott, und das Wort war Gott ... Und das Wort wurde Fleisch und wohnte unter uns ..." (Joh 1,1.14).

Wenn wir, die wir glauben, in seinem Wort bleiben, das heißt in ihm bleiben, sind uns drei Dinge verheißen. Erstens: Wir sind wahrhaft seine Jünger. Zweitens: Wir werden die Wahrheit erkennen. Und drittens: Die Wahrheit wird uns frei machen (vgl. Joh 8,31-32).

Die Juden brüsteten sich Jesus gegenüber damit, dass sie Nachkommen Abrahams seien und nie jemandes Sklaven gewesen seien (vgl. Joh 8,33). Wie konnte er da die Dreistigkeit besitzen zu sagen, er könne sie frei machen?

Jesus erklärte ihnen, dass sie Sklaven der Sünde waren (Vers 34). Das war für sie als Juden, die das Gesetz streng befolgten und sich selbst viele eigene Gesetze gegeben hatten, besonders schwer zu glauben. Und doch klagte Jesus sie an, in der Knechtschaft der Sünde zu leben.

Sie mussten erst noch begreifen, dass *„... der Buchstabe* [das Gesetz] *tötet, der Geist aber lebendig macht"* (2 Kor 3,6).

Nun kommen wir von Jesus, dem Retter, zu Jesus, der Wahrheit. Jesus ist die Wahrheit, und er versprach, den Heiligen Geist der Wahrheit zu senden.

Jesus informierte seine Jünger: *„Wenn der Beistand gekommen ist, den ich euch von dem Vater senden werde, der Geist der Wahrheit, der von dem Vater ausgeht, so wird der von mir zeugen"* (Joh 15,26).

Später fügte er hinzu: *„Wenn aber jener, der Geist der Wahrheit, gekommen ist, wird er euch in die ganze Wahrheit leiten; denn er wird nicht aus sich selbst reden, sondern was er hören wird, wird er reden ...“* (Joh 16,13).

Jesus, der Weg, zeigt klar über das Passah hinaus zu Jesus, der Wahrheit in Person des Heiligen Geistes, der die Verheißung des Vaters ist: der Geist der Wahrheit.

> *Die Salbung, die ihr von ihm empfangen habt, bleibt in euch, und ihr habt nicht nötig, dass euch jemand belehre, sondern wie seine Salbung euch über alles belehrt,* ***so ist es auch wahr*** *und keine Lüge, und wie sie euch belehrt hat, so bleibt in ihm* (1 Joh 2,27).

Zwar sind Jesus und sein Geist untrennbar, aber dennoch beschreibt er sich anhand verschiedener Auswirkungen: Zuerst ist er der Weg, dann ist er die Wahrheit. Die einzige Möglichkeit, die Wahrheit zu kennen, besteht darin, dass wir sie uns durch den Heiligen Geist offenbaren lassen. Dadurch kommen wir vom Vorhof des Passah zum Heiligtum von Pfingsten.

Das Leben

Aber der Geist der Wahrheit wird immer auf Jesus zurückverweisen.

> *Er [der Geist] wird mich verherrlichen, denn von dem Meinen wird er nehmen und euch verkündigen* (Joh 16,14).

Der Geist der Wahrheit wird uns immer wieder zu Jesus dem Retter zurückführen – zurück zum Kreuz. Aber die Ironie ist folgende: der Rückverweis auf Jesus bedeutet immer ein Vorwärtsgehen in ihm, ein Drängen nach vorne und nach oben. Es ist ein Weitergehen vom Passah über Pfingsten zum Laubhüttenfest, sogar zur Hütte Davids. Denn die Hütte Davids wurde für das Ende verheißen, nicht die Stiftshütte von Mose.

Nach diesem will ich zurückkehren und wieder aufbauen die Hütte Davids, die verfallen ist, und ihre Trümmer will ich wieder bauen und sie wieder aufrichten (Apg 15,16.17).

In der Stiftshütte von Mose befand sich das Allerheiligste hinter dem großen Vorhang und enthielt die Bundeslade, den Gnadenthron oben auf der Bundeslade und die Cherubim, die an den Seiten des Gnadenthrons ruhten (vgl. 2 Mo 25). Nur der Hohepriester war berechtigt, einmal im Jahr das Allerheiligste zu betreten, um zuerst für seine Sünden und danach für die Sünden des Volkes Sühnung zu erwirken (vgl. 3 Mo 16; Hebr 9,2-7).

Im Gegensatz dazu war die Hütte Davids nur ein Zelt, das auf dem Berg Zion aufgerichtet war und als einzigen Gegenstand die Bundeslade enthielt (vgl. 1 Chr 16,1).

Die Bundeslade war aus Akazienholz hergestellt und ganz mit Gold überzogen. Ursprünglich enthielt sie die steinernen Tafeln, auf denen die zehn Gebote aufgeschrieben waren, den Krug mit dem Manna und Aarons Stab, der gesprosst hatte (vgl. Hebr 9,4).

Die Lade selbst bedeutet Jesus Christus. Das Akazienholz stand für sein Menschsein und der goldene Überzug für sein Gottsein.

Die Tafeln mit den zehn Geboten stellten das Wort Gottes dar. Jesus ist das Wort. Also stellten die Tafeln auch Jesus dar.

Das Manna wurde mit Jesus verglichen, der das Brot des Lebens ist, das aus dem Himmel herabkam (vgl. Joh 6,49-51).

Aarons Stab, der gesprosst hatte (vgl. 4 Mo 17), stellte die Autorität des HERRN Jesus Christus dar, der ein für alle Mal als großer Hoherpriester in das Allerheiligste eintrat, um Sühnung für die Sünden der Welt zu erwirken. *„Wir haben einen solchen Hohenpriester, der sich gesetzt hat zur Rechten des Thrones der Majestät, als Diener des Heiligtums und des wahrhaftigen Zeltes, das der Herr errichtet hat, nicht ein Mensch“* (Hebr 8,1-2).

Das bringt uns zu der Feststellung, dass, wenn es um die Hütte Davids geht, Jesus alles in allem ist.

Es wird die Zeit kommen, da der Geist der Wahrheit uns an den Ort der Ruhe in Jesus bringen wird, wo wir durch Offenbarung die Wirklichkeit dessen begreifen, dass Jesus Gottes Werke vollendet hat, dass er alles in allem und das Einzige ist, was es gibt.

Sobald der wahre Gläubige diese Wirklichkeit erfasst hat, setzt sie ihn frei. *„Wenn nun der Sohn euch frei machen wird, so werdet ihr wirklich frei sein“* (Joh 8,36).

So führt er, der der Weg ist, zur Wahrheit; und er, der die Wahrheit ist, führt uns weiter und nach oben zum Leben.

Als Jesus in Betanien angekommen war, um Lazarus von den Toten aufzuerwecken (vgl. Joh 11,17-40), sagte er zu Martha über sich selbst: *„Ich bin die Auferstehung und das Leben; wer an mich glaubt, wird leben, auch wenn er gestorben ist.“*

Maria lief schnell zu Jesus hin. Weinend sagte sie zu ihm: *„Herr, wenn du hier gewesen wärest, so wäre mein Bruder nicht gestorben.“*

Jesus ergrimmte im Geist und weinte wenig später. Sie dachten, er weine über Lazarus, weil er ihn so geliebt hatte. Ich glaube aber, dass er über ihren Mangel an Erkenntnis weinte – nicht nur über ihren Unglauben, sondern über ihre mangelnde Bereitschaft, ihn als den Lebensspender Gottes anzuerkennen.

Jesus sagte zu Martha: *„Habe ich dir nicht gesagt, wenn du glaubtest, so würdest du die Herrlichkeit Gottes sehen?“*

Damit stellt Jesus, der Lebensspender, einen Zusammenhang zwischen all dem und der Herrlichkeit her. Auf diese Weise sind wir von **Jesus, dem Weg**, dem Vorhof des Passah, der erlöst und rechtfertigt, über **Jesus, der Wahrheit**, dem Heiligtum von Pfingsten, das uns heiligt (absondert) und ermächtigt, weiter zu **Jesus, dem Leben**, dem Allerheiligsten des Laubhüttenfestes, das sowohl den Vater als auch seine Söhne verherrlicht, weitergegangen.

Deshalb wollen wir nun in ihn hineingehen, der vor uns in das Allerheiligste gegangen ist, auf dass wir wahrhaftig in ihm bleiben mögen und er in uns.

Kapitel 13

Gottes vollendetes Werk

Manchmal müssen wir eine Sache auseinandernehmen und ihre Einzelteile betrachten, bevor wir sie als Ganzes erkennen und schätzen können. Dies war ein Teil der Absicht dieser Abhandlung über die drei Höfe und die drei Feste.

All die mächtigen Taten Gottes (Rechtfertigung, Heiligung, Verherrlichung, also die Errettung) wurden durch Jesu vollendetes Werk am Kreuz vollbracht. Die Bibel sagt, dass der Vorhang des Tempels in zwei Stücke zerrissen wurde, als er starb (vgl. Mt 27,51). Das zeigt uns, dass wir nun durch den Tod von Jesus Christus, der ein für alle Mal als der große Hohepriester in das Allerheiligste hineingegangen ist (vgl. Hebr 9,11-12; 10,19-22), Zugang zum Vater haben.

Allein durch Jesus Christus, der *„der Weg, die Wahrheit und das Leben“* (Joh, 14,6) ist, bekommen wir Zugang zum Vater. Und durch das, was er dann tat, sitzen wir nun mit ihm in der Himmelswelt (vgl. Eph 2,6). Wir können mit Freimut in den Thronraum vor Gott kommen (vgl. Hebr 4,16).

Es ist nicht so, dass wir uns auf der Grundlage von Werken qualifizieren müssten, um (wie in Geheimlogen) von einem Grad zum nächsten zu gelangen, bis wir schließlich den dritten und höchsten Grad erreichen.

Von Anfang an war es Gottes Absicht, dass jeder Gläubige völlig dahin kommt, dass Jesus Christus sein alleiniger Herr ist. Es sollte nie passieren, dass jemand sich zuerst bekehrt und „errettet“ wird und dabei „Jesus als Retter in sein Herz aufnimmt“, wie es gepredigt wird, und man ihn dann Wochen, Monate oder Jahre später überzeugen muss, dass er Jesus darüber hinaus zu seinem HERRN machen muss. Jesus ist nicht Retter, bevor er nicht HERR ist. Erst wenn er HERR ist, sind wir mit ihm auf rechte Weise verbunden. Erst wenn er HERR ist, hat er durch den uns von ihm geschenkten freien Willen die Erlaubnis, seine Errettung in uns zu vollbringen. „… ***wenn du mit deinem Mund Jesus als Herrn bekennen*** *und in deinem Herzen glauben* ***wirst,*** *dass Gott ihn aus den Toten auferweckt hat,* ***wirst du errettet werden***“ (Röm 10,9).

Die Herrschaft ist die Voraussetzung für die Errettung.

Das volle volle Evangelium

Je mehr wir in der Bibel lesen, desto mehr entdecken wir Gott als den „Ich bin“: dass Gott „ist“, dass alle Dinge in ihm vollendete Tatsachen sind und dass glauben alles ist, was wir tun müssen.

Ich sage es noch einmal: Epheser 2,8 ist die Richtschnur. *„Denn aus Gnade seid ihr errettet durch Glauben …“* Die Gnade ist Gottes Teil. Der Glaube ist unser Teil. Gott hat seinen Teil schon getan. Es ist vollendet. Alles, was wir tun müssen, damit dies in unserem Leben wirksam wird, ist glauben – es geht nicht um eine passive intellektuelle Anerkennung Gottes und Jesu Christi als Gottes Sohn, sondern um aktiven Glauben, der aus Erkenntnis durch Offenbarung entspringt und neues Leben in unserem Geist erzeugt.

Christus ist unsere Rechtfertigung, unsere Gerechtigkeit, unsere Erlösung, unsere Heiligung, unsere Verherrlichung, unsere Errettung. Er ist unser Alles in allem. Alles ist in dem, wer er ist. Wenn wir also radikal an ihn glauben, uns ihm ausliefern und uns ihm völlig hingeben, haben wir all das erlangt, was ihn ausmacht. Wir sollten also in einer zügigen Bekehrungserfahrung von der Rechtfertigung zur Verherrlichung gelangen.

Warum geschieht es dann nicht so? Ich meine, dass das zwei Gründe hat: Zunächst wurde das Laubhüttenfest selbst, das zwar in Jesus erfüllt wurde, noch nicht im Sinne von Gottes eigenem historischen Zeitplan erfüllt. Es hat zwar im Verlauf der Geschichte viele große Heilige gegeben, die dieses gekreuzigte Leben gelebt haben, aber die Verheißung der Verherrlichung ist für das Ende aufgehoben. *„Geliebte, jetzt sind wir Kinder Gottes, und es ist noch nicht offenbar geworden, was wir sein werden; wir wissen, dass wir, wenn es offenbar werden wird, ihm gleich sein werden, denn wir werden ihn sehen, wie er ist"* (1 Joh 3,2).

Der andere Grund dafür, dass wir nicht innerhalb einer Umwandlungserfahrung von der Rechtfertigung zur Verherrlichung gelangt sind, ist einfach der, dass es bisher noch nicht so verkündigt wurde. *„Also ist der Glaube aus der Verkündigung, die Verkündigung aber durch das Wort Christi"* (Röm 10,17). Was gepredigt wird, wird im Allgemeinen geglaubt und anerkannt.

Wir haben das volle Evangelium bis jetzt noch nicht verkündigt. Die Evangelikalen predigen (schon immer) die Buße und die Wiedergeburt, und deshalb tun die Menschen Buße und werden wiedergeboren. Dann kamen die Pfingstler und die Charismatiker und brachten die Offenbarung der Taufe im Heiligen Geist, des Redens in Sprachen und der Heilungswunder und nehmen nun für sich in Anspruch, das volle Evangelium zu predigen. In dem Ausmaß, wie diese Wahrheiten gepredigt werden, können sie geglaubt, angenommen und verwirklicht werden. Aber nur das Passah oder nur Passah und Pfingsten zu predigen, bedeutet noch nicht das volle Evangelium. Es werden dann nur zwei der drei Feste gepredigt.

Wenn die Evangelisten die Herrschaft Jesu Christi und das niedergelegte Leben predigten und die Menschen voll und ganz den Preis der Jüngerschaft verstünden und sich entschieden, Jesus trotzdem zu folgen, wären sie von Anfang an hingegeben und müssten nicht von einem Hof zum nächsten gezerrt werden.

Wenn einmal eine falsche Lehre aufgenommen wurde, ist es schwierig, davon wieder loszukommen. Wenn wir gelehrt wurden, dass die Taufe in den Heiligen Geist und das Zungenreden nicht für uns heute bestimmt sind, ist es schwierig, diese Festungen in den Gedanken niederzureißen. Wenn eine betrügerische Version von Glaube und Wohlstand gelehrt wird, ist es schwierig, den Betreffenden in die tieferen Dinge Gottes hineinzuführen. Das, was gepredigt wird, ist mit großer Wahrscheinlichkeit auch das, was dann geglaubt wird.

Aber in diesen letzten Tagen, bevor der HERR wiederkommt, reinigt er die Botschaft des Evangeliums. Er stellt die gute Nachricht von *„Jesus Christus und ihn als gekreuzigt"* (1 Kor 2,2) wieder her.

Die Wahrheit des Evangeliums ist, dass wir nicht deshalb dazu berufen sind, von der Hölle gerettet zu werden, um in den Himmel zu kommen, wenn wir sterben. Das ist ein Nebenprodukt unserer Errettung. Wir wurden nicht deshalb gerettet, damit wir alles für das leibliche Wohl unseres Fleisches in diesem Leben ergattern können. Wir wurden gerufen, Jesus in seine Taufe zu folgen, weil nur so der Vater verherrlicht werden kann.

Wie sein Sohn nur danach strebte, den Vater zu verherrlichen, so sollen seine vielen Söhne nur danach streben, ihn zu verherrlichen. Das ist der alleinige Lebenszweck der Söhne Gottes.

Und in gleicher Weise wie der Sohn verherrlicht wurde, als er nur danach strebte, den Vater zu verherrlichen, so wird die Vielzahl seiner Söhne nur dann verherrlicht, wenn sie danach trachten, den Vater zu verherrlichen.

Der einzige Weg, wie der Sohn den Vater verherrlicht, ist durch radikalen Gehorsam. Das gilt auch für die Vielzahl seiner Söhne.

Wenn wir uns gleich von Anfang an ihm ganz verschreiben, können wir in diese Fülle in ihm kommen. Oder wir können uns für die vierzigjährige Reise durch die Wüste entscheiden, um dorthin zu gelangen. Letzteres ist aber der härtere Weg. Diejenigen, die in der Wüste rebellierten, starben in der Wüste. Es gelang ihnen nicht, in die Verheißungen Gottes einzugehen.

Das Fleisch möchte sich niemals dem Geist unterwerfen. Es interessiert sich nur für sich selbst. Der geistliche Mensch dagegen lässt sich vom Geist leiten und folgt nicht dem Fleisch (vgl. Gal 5,16).

*„... denn jeder, der den Namen des **Herrn** anrufen wird, wird errettet werden"* (Röm 10,13). Wir sollen den **HERRN** ... **Jesus** ... **Christus** anrufen; das heißt den **König** ... **Retter** ... den, der uns **salbt**. Wenn er durch Offenbarung Ihr HERR wird, wird er Ihr Retter. Wenn er Ihr Retter ist, salbt er Sie. *„... er wird euch mit Heiligem Geist und Feuer taufen"* (Mt 3,11).

Weiter auf das Ziel zujagen

Wenn wir die drei Höfe und drei Feste benutzen, um die Botschaft des Evangeliums bekannt zu machen, sehen wir, dass sie in der Geschichte eine Weiterentwicklung der Erfüllung des Planes Gottes in der Welt darstellen, dass Jesus Christus als HERR sie zur gegebenen Zeit erfüllen wird, dass sie drei Entwicklungsstufen darstellen, in die die Gläubigen selbst eintreten können, und dass man nicht in einem der äußeren Höfe zurückbleiben muss, sondern in die Fülle Gottes kommen kann und muss.

Ich hoffe, dass Sie diese Unterschiede begreifen, aber ich hätte noch lieber, dass diese Studie in Gottes Wort jeden von Ihnen mit dem Apostel Paulus an den Ort katapultiert, wo er von sich sagen konnte:

> ***Aber was auch immer mir Gewinn war, das habe ich um Christi willen für Verlust geachtet; ja wirklich, ich achte auch alles für Verlust um der unübertrefflichen Größe der Erkenntnis Christi Jesu, meines Herrn, willen, um dessentwillen ich alles eingebüßt habe und es für Dreck achte, damit ich Christus gewinne und in ihm erfunden werde*** *– indem ich nicht meine Gerechtigkeit habe, die aus dem Gesetz ist, sondern die durch den Glauben an Christus, die Gerechtigkeit aus Gott aufgrund des Glaubens –,* ***um ihn und die Kraft seiner Auferstehung und die Gemeinschaft seiner Leiden zu erkennen,*** *indem ich seinem Tod gleich gestaltet werde, ob ich irgendwie hingelangen möge zur Auferstehung aus den Toten. Nicht, dass ich es schon ergriffen habe oder schon vollendet sei; ich jage [ihm] aber nach, ob ich es auch ergreifen möge, weil ich auch von Christus Jesus ergriffen bin. Brüder, ich denke von mir selbst nicht, [es] ergriffen zu haben; eines aber [tue ich]: Ich vergesse, was dahinten, strecke mich aus nach dem, was vorn ist, und jage auf das Ziel zu, hin zu dem Kampfpreis der Berufung Gottes nach oben in Christus Jesus* (Phil 3,7-14).

Kapitel 14

Das Himmelreich erben

Wenn man in das Himmelreich eintritt, betritt man eine ganz neue Dimension der Wirklichkeit. Man sieht Dinge über Gott, sich selbst und das Leben, die man nie zuvor gesehen hat, man weiß Dinge, die man vorher nicht gewusst hat, und man versteht Dinge, die man vorher nicht verstanden hast.

Als Erstes stellt man fest, dass das Königtum von Jesus Christus Wirklichkeit ist. Hat man vorher gezweifelt, wird aller Zweifel schwinden, wenn man im Königreich ist und ihn mit geistlichen Augen sieht. Diese Wahrheit ist eine offenbarte Erkenntnis.

Wenn uns der Vater die Augen öffnet, sodass wir dieses neue Reich der Wirklichkeit sehen können, haben wir den Glauben, um an die Herrschaft Jesu Christi zu glauben. Das heißt, wir haben den Glauben, ihm als dem HERRN über unser ganzes Leben zu vertrauen. Bevor wir nicht mit Sicherheit wissen, dass Jesus HERR über alles ist, sind wir noch nicht ganz in das himmlische Königreich hineingekommen.

Gemäß dem Neuen Testament können wir das Königreich sehen, wir können in das Königreich eintreten und wir können es erben. Wer im äußeren Vorhof des Passah steht, kann das Königreich bestenfalls sehen. Er genießt nicht die Vorrechte, es zu betreten und zu erben.

Diejenigen, die vom Passah zu Pfingsten weitergehen, sehen das Königreich nicht nur, sondern betreten es auch. Schon das bloße Betreten des Königreiches ändert die eigene Perspektive der Wirklichkeit. Plötzlich ist man in der Lage, geistliche Angelegenheiten zu verstehen. Die Heilige Schrift wird lebendig und man beginnt, in den Geistesgaben zu wandeln und mehr Früchte des Geistes hervorzubringen.

Wer nach einem hundertfachen Leben in Christus hungert und dürstet, betritt das Königreich nicht nur, sondern beginnt das Erbe des Reiches anzutreten. Wir wurden zu Erben und einer Erbengemeinschaft mit Christus gemacht. Das heißt, all das, wer er ist, was er ist und was er als HERR der Herrlichkeit in seinem Reich besitzt, gehört uns in gleicher Weise.

Für den fleischlich denkenden, unerlösten Menschen, der das Königreich weder gesehen noch betreten hat, ergibt das absolut keinen Sinn. Wenn die Menschen des Passahs anfangen, über ihre Erlösung zu reden, sträubt sich in den Weltmenschen alles wegen ihres Unglaubens. Sie haben keinerlei Grundlage dafür, an etwas zu glauben, was sie nicht sehen.

Nicht jeder, der das Königreich gesehen hat, hat es auch betreten. Nicht jeder, der das Königreich betreten hat, hat es auch geerbt.

Niemand hat bisher in diesem Leben das Königreich voll und ganz geerbt. Wir erben das Königreich stufenweise. Wir nehmen das Land Schritt für Schritt ein. Wenn wir durch den Geist einen Bereich der Lebensart im Königreich einmal eingenommen haben und darin vollständig durch Glauben leben können, können wir zur nächsten Ebene der Wirklichkeit weitergehen. Die Wirklichkeit des Geistes ist realer als die Dinge im natürlichen Bereich. *„... da wir nicht das Sichtbare anschauen, sondern das Unsichtbare; denn das Sichtbare ist zeitlich, das Unsichtbare aber ewig“* (2 Kor 4,18).

Jedes Mal, wenn uns der Geist etwas Neues über das Königreich zeigt, erben wir es, kommen da hinein und haben durch den Glauben den Mut, darin zu wandeln. Damit wird es zu einer offenkundigen Wirklichkeit in unserem Leben.

Nur die Menschen des Laubhüttenfestes können die Fülle des Königreichs erben, weil es die völlige Hingabe aller Dinge verlangt. Es ist nicht meine Absicht, auf elitäres Denken hinzuwirken. Ganz im Gegenteil, der Preis für die Gekreuzigten ist hoch. Sie müssen Berühmtheit, Vermögen, Prestige, Anerkennung, den herkömmlichen geistlichen Dienst, Macht, Position und den Ruf opfern. Sie werden missverstanden und oft der Ketzerei bezichtigt.

Dessen ungeachtet ist die Belohnung des Königreichs die ganze Sache wert. Denn die Menschen des Laubhüttenfestes und des Allerheiligsten kommen an einen Ort in Jesus, an dem nichts anderes mehr zählt – und das ist das höchste und größte Erbe.

Kapitel 15

In den Riss treten

Und ich suchte einen Mann unter ihnen, der die Mauer zumauern und vor mir für das Land in den Riss treten könnte, damit ich es nicht verheeren müsste; aber ich fand keinen (Hes 20,30).

1983 wurde mir folgendes Wort eingegeben:

„Ich suche einen Mann", sagt der HERR, „der vor mir in den Riss tritt. Einen, der den Feind im Namen der Gemeinde bekämpft. Einen, der es wagt, die ganze Rüstung Gottes anzulegen, die ganze Waffenrüstung, und all das zu sein, was ich von ihm verlange.

Ich verlange sehr viel von diesem Mann. Mehr, als er sich je erhoffen könnte, aus sich selbst heraus zu sein.

Ich verlange von ihm, dass er heilig ist.

Ich verlange von ihm, dass er ein reines Herz hat.

Ich verlange von ihm, dass er liebevoll und demütig und freundlich und weise und stark ist.

Ich verlange von ihm, dass er sich sehr gut in meinem Wort auskennt und ihm vollkommen gehorcht.

Ich verlange von ihm den hohen Lobpreis Gottes.

Ich verlange von ihm, dass er betet, und auf die Art, dass es in meinen Thronraum hinaufsteigt, wo ich es in Kraft und Macht beantworten kann.

Ich verlange von ihm absoluten Gehorsam in Bezug auf alles, was ich ihm auftrage: dass er dahin geht, wo ich ihn hinschicke, dass er tut, was ich ihm sage, und dass er das ist, was ich ihm sage, dass er es sein soll.

Ich verlange von ihm den Glauben, der Berge versetzt.

Ich verlange von ihm, dass er sein eigenes Leben für andere niederlegt, andere höher als sich selbst achtet und keinem Gedanken an morgen oder an sein Leben Raum gibt.

Ich verlange von ihm, dass er anders, eigenartig ist, in kein Schema passt, dass er missverstanden, von vielen verachtet, gehasst, verfolgt, misshandelt wird; und inmitten des Ganzen verlange ich, dass er auch die andere Wange hinhält.

Ich verlange von ihm Barmherzigkeit.

Ich verlange von ihm Vollmacht, Dämonen auszutreiben, Kranke zu heilen, Gefangene zu befreien, das angenehme Jahr des HERRN zu verkündigen.

Ich verlange von ihm, dass er sich vollkommen in das Ebenbild meines Sohnes umgestalten lässt, dessen Name über allen Namen im Himmel, auf der Erde und unter der Erde ist.

Ich verlange von ihm, dass er einfach genau wie Jesus ist.

Ich verlange nicht nur all das von ihm, sondern ich will ihm auch die Fähigkeit geben, diesen Anforderungen zu entsprechen. Ich gebe ihm Jesus.

Wenn er sich nur mit ganzem Herzen mir zuwendet, alles andere in seinem Herzen aufgibt und Jesus zum HERRN seines Lebens macht, werde ich durch meinen Heiligen Geist Jesu Leben selbst in sein Herz hineinlegen; und dann werde ich den Mann gefunden haben, den ich gesucht habe. Und er wird für mich in den Riss treten."

Kapitel 16

Die Braut

Von ihrem Anfang bis zu ihrem Ende enthält die Bibel nur eine einzige Geschichte.

Es ist eine Liebesgeschichte zwischen einem Mann und seiner zukünftigen Frau.

Die Geschichte beginnt mit einer Hochzeit, der Hochzeit zweier Menschen, eines Mannes und einer Frau. *„... und sie werden zu einem Fleisch werden“* (1 Mo 2,24).

Der erste Mensch (Adam) wurde nach dem Bild Gottes geschaffen, und Gottes Absicht war, dass er ihm Sohn sein sollte.

Dieser erste Mensch jedoch fiel heraus aus der Gemeinschaft mit seinem Vater und Schöpfer, als er ihm im Garten des Lebens nicht gehorchte. Nachdem er gefallen war, wurde er aus dem Garten des Lebens vertrieben, um unter dem Fluch des Todes zu leben. Tod bedeutet die Abwesenheit von Leben. Gott ist Leben, und Adam war nicht mehr in der Gegenwart des Lebens. *„Denn der Lohn der Sünde ist der Tod“* (Röm 6,23).

Mit dieser Geschichte beginnt eine Liebesbeziehung zwischen dem Schöpfer und seinem Geschöpf.

Gott und Israel

In der ganzen Bibel wurde Gott als Ehemann und Israel, seine Auserwählte, als seine Braut angesehen.

Das eindrucksvollste Beispiel dafür wird in Jeremia 3,6-8 berichtet. Es geschah, nachdem Israel in das nördliche Königreich von Israel und das südliche Königreich von Juda aufgeteilt worden war.

> *In den Tagen des Königs Josia sprach der HERR zu Jeremia: Hast du gesehen, was Israel, die Abtrünnige, getan hat? Sie ging auf jeden hohen Berg und unter jeden grünen Baum und hurte dort.*
> *Und ich sprach: Nachdem sie das alles getan hat, wird sie zu mir zurückkehren. Aber sie kehrte nicht zurück. Und ihre treulose Schwester Juda sah es.*
> *Und sie sah [auch], dass ich Israel, die Abtrünnige, eben deshalb, weil sie die Ehe gebrochen, entließ und ihr den Scheidebrief gab. Doch ihre Schwester Juda, die Treulose, fürchtete sich nicht, sondern ging hin und trieb selbst auch Hurerei.*

Gott hatte Israel durch Abraham, Isaak und Jakob erwählt, damit es ihm ein Volk sei, das er sich zu eigen auserwählt hatte. „*Denn ein heiliges Volk bist du für den HERRN, deinen Gott. Und dich hat der HERR erwählt, ihm ein Eigentumsvolk zu sein aus allen Völkern, die auf dem Erdboden sind*“ (5 Mo 14,2).

Aber weil sie Götzendienst trieben – sie liefen hinter anderen Göttern her, wovor Gott sie am meisten gewarnt hatte –, bezeichnete Gott Israel und Juda als Huren. Dies ist in Hesekiel 16 äußerst lebhaft beschrieben. Lesen Sie es nach!

Der Prophet Hosea stellt die Beziehung zwischen Gott und Israel, die der ehelichen Beziehung von Mann und Frau gleicht, anhand seines eigenen Lebens dar. Gott trägt ihm auf, eine Hure zu heiraten. Aber sogar nachdem sie ihn verlässt, um zur Hurerei zurückzukehren, zeigt er seine große Liebe zu ihr, indem er sie sich vom Versteigerungsblock weg kauft.

In dieser bedeutungsvollen Geschichte sehen wir, wie Gott die Hure Israel mit seiner Liebe umwirbt, um sie zurückzugewinnen. Sie ist nicht willens, ihn zu lieben, anscheinend nicht einmal fähig dazu; so kauft er sie für sich selbst. Heute betrachten wir das natürlich im Hinblick auf Gottes Werk der Erlösung in Christus Jesus, unserem HERRN, der sein kostbares Blut vergoss, um uns von der Sünde loszukaufen und vom Götzendienst zu befreien.

Gott und die Gemeinde

Diese eheliche Beziehung zwischen Mann und Frau setzt sich im Neuen Testament mit Jesus als Bräutigam und der Gemeinde als Braut fort.

Es ist nicht möglich, Israel und die Gemeinde als getrennte Einheiten zu betrachten. Die Gemeinde Jesu Christi ist lediglich die Erweiterung des von Gott auserwählten Volkes Israel. Israel und die Gemeinde sind durch die ganze Geschichte hindurch dieselbe Persönlichkeit.

Wie auch immer der Ablauf von Israels Geschichte war, er entspricht dem Ablauf unserer Geschichte in der Gemeinde heute. Abraham ist in jeder Hinsicht unser Vater. Seine Geschichte ist unsere Geschichte. Wenn wir über Isaak und Jakob lesen, lesen wir über unsere geistlichen Vorväter. Wir identifizieren uns mit ihnen und sie sich mit uns als Teil des einen Leibes, eines Mannes, einer Person, einer Braut.

Aber so wie es damals für Israel galt, ist die Gemeinde heute genauso fähig, Götzendienst zu betreiben. Untreue (Hurerei) ist bei uns genauso wahrscheinlich wie bei Israel.

Jesus und seine Braut

Johannes der Täufer erkannte diese Beziehung zwischen Jesus und der Gemeinde als Braut, als er verkündigte: *„Der die Braut hat, ist der Bräutigam“* (Joh 3,29).

Paulus schrieb den Korinthern wie folgt: *„Denn ich eifere um euch mit Gottes Eifer; denn ich habe euch einem Mann verlobt, um [euch als] eine keusche Jungfrau vor den Christus hinzustellen“* (2 Kor 11,2).

Paulus schrieb an die Gemeinde in Ephesus und verglich die Beziehung zwischen Jesus und der Gemeinde mit der eines Mannes zu seiner Frau. In diesem wunderbaren Abschnitt drückt Paulus auf so vielfältige Weise aus, dass ein Ehemann seiner Frau Christus vorleben soll und dass die Frau dem Mann die Gemeinde vorleben soll; das heißt, in Ehe und Familie verkörpert der Mann Christus und die Frau verkörpert die Gemeinde (vgl. Eph 5,21-33).

Das griechische Wort für Gemeinde lautet *ekklesia*, was eigentlich „Herausgerufene" bedeutet und im Femininum steht.

In diesem Abschnitt in Epheser 5 lesen wir: *„Ihr Männer, liebt eure Frauen, wie auch der Christus die Gemeinde geliebt und sich selbst für* ***sie*** *hingegeben hat, um* ***sie*** *zu heiligen, [****sie****] reinigend durch das Wasserbad im Wort, damit er die Gemeinde sich selbst verherrlicht darstellte, die nicht Flecken oder Runzel oder etwas dergleichen habe, sondern dass* ***sie*** *heilig und tadellos sei."*

Bedauerlicherweise haben die Übersetzer irrtümlich den Ausdruck „Gemeinde" anstelle von „Herausgerufene" verwendet, denn dies betont die falsche Vorstellung, dass die Gemeinde eine Sache statt einer Person ist.

Einer der schlimmsten Götzendienste, der sich das ganze christliche Zeitalter hindurch in den Leib Christi eingeschlichen hat, ist die Erhöhung des institutionellen Christentums. Bei sehr vielen Christen ist die Liebe zu ihrer Gemeinde als Institution größer als ihr Gehorsam gegenüber Christus. Sie nehmen an, dass alles, was zum institutionellen Christentum gehört, das Evangelium sei.

Wir lieben unsere Kirche bzw. Gemeinde. Wir dienen ihr. Wir treten in sie ein. Wir versuchen, andere dazu zu bringen, dass auch sie eintreten. Wir wetteifern mit anderen Gemeinden, welche die beste und größte ist und wer recht hat. Unsere Gemeinden sind zu unseren „Höhenheiligtümern" geworden, wo wir uns selbst anbeten und dabei vorgeben, Gott anzubeten.

Es gibt eine rechtmäßige biblische Basis dafür, dass wir nicht versäumen sollen, uns mit anderen zu treffen: *„... lasst uns aufeinander Acht haben, um uns zur Liebe und zu guten Werken anzureizen, indem wir unser Zusammenkommen nicht versäumen, wie es bei einigen Sitte ist, sondern [einander] ermuntern, und [das] umso mehr, je mehr ihr den Tag herannahen seht"* (Hebr 10,24-25). Es besteht aber ein großer Unterschied darin, ob wir zusammenkommen, damit die örtliche Gemeinde oder Denomination, zu der wir vielleicht gehören, fortbestehen bleibt, oder ob wir zusammenkommen, um uns zur Liebe und zu guten Werken anzureizen.

Wir sollen uns nicht nur als Leib Christi versammeln, sondern wir sollen auch unter der Leitung des Heiligen Geistes zusammenkommen. In die „Kirche“ bzw. „Gemeinde“ zu gehen ist eine Sache, aber als Gemeinde (Herausgerufene, die sich in Christus versammeln) zusammenzukommen, eine ganz andere.

Die makellose Braut

Wir sind der Leib Christi, und als sein Leib sind wir seine zukünftige Braut. Und wie schon zu allen Zeiten umwirbt uns Gott immer noch, ihn und nur ihn zu lieben. Er wirbt immer noch um uns, damit er unsere erste Liebe sei.

Zu sagen, dass wir Gott lieben, ist eine Sache; aber wirklich geprüft wird unsere Liebe durch unseren Gehorsam. Jesus sagte in Johannes 14,15: *„Wenn ihr mich liebt, so werdet ihr meine Gebote halten.“*

Jesus kommt wieder, um seine Braut zu sich zu nehmen.

Er kommt für eine Braut ohne Flecken und Falten (vgl. Eph 5,27).

Er selbst war das Lamm Gottes ohne Fehler und ohne Flecken (vgl. 1 Petr 1,19). Dieses unbefleckte Lamm kann nur mit einer unbefleckten Braut zu einem Fleisch vereinigt werden. Deshalb können wir nur durch sein kostbares Blut und nicht durch vergängliche Dinge erlöst werden (vgl. 1 Petr 1,18).

Es ist die Braut ohne Flecken und Falten, die den Glauben bewahrt hat; das heißt, sie ist ihrer ersten und einzigen Liebe, Jesus Christus, ihrem HERRN, treu geblieben. Sie liebt ihn wahrhaftig.

Eine liebende Braut

Jesus sagte: *„Wenn ihr meine Gebote haltet, so werdet ihr in meiner Liebe bleiben, wie ich die Gebote meines Vaters gehalten habe und in seiner Liebe bleibe … Dies ist mein Gebot, dass ihr einander liebt, wie ich euch geliebt habe“* (Joh 15,10.12).

Die Gemeinde wird für den Mangel an gegenseitiger Liebe wahrscheinlich ein härteres Urteil als für irgendetwas anderes empfangen. Diese Liebe ist das Wichtigste und wohl auch

Schwierigste überhaupt. Aber für Gott ist die Liebe unter den Geschwistern gleichwertig mit unserer Liebe zu ihm.

Es ist äußerst wichtig, dass wir dieses Gebot halten, denn Jesus sagte: *„Daran werden alle erkennen, dass ihr meine Jünger seid, wenn ihr Liebe untereinander habt“* (Joh 13,35).

Wir sagen, dass wir seine Zeugen sein möchten, und damit meinen wir oft, dass wir jemanden für den HERRN gewinnen möchten. Das größte Zeugnis legen wir jedoch durch unsere Liebe untereinander ab.

Wie lieben wir uns untereinander? Jesus zeigte es uns durch sein niedergelegtes Leben. *„Größere Liebe hat niemand als die, dass er sein Leben hingibt für seine Freunde“* (Joh 15,13). Jesus nannte die, die tun, was er sagt, seine Freunde (vgl. Joh 15,14). Wenn wir durch unseren Gehorsam als seine Freunde betrachtet werden, ist es am besten, wir betrachten uns gegenseitig gleicherweise als Freunde – indem wir in Liebe unser Leben füreinander niederlegen. Ich drücke es besser so aus: das eigene **Ich** füreinander niederlegen.

Wenn wir nicht lieben, wie er liebte, haben wir keine Möglichkeit, in die tieferen Dinge Gottes hineinzugelangen, keine Möglichkeit, uns dem wunderbaren Thronraum Gottes zu nähern, keine Möglichkeit, in das Allerheiligste einzutreten.

Jesus treu zu sein heißt, einander treu zu sein. Ihn lieben heißt, einander lieben. Denn wir gehören alle zu seinem Leib. Was wir gegen den anderen sagen oder tun, haben wir ihm getan.

Als Saulus von Tarsus die Anhänger Jesu verfolgte, trat ihm der HERR Jesus auf der Straße nach Damaskus entgegen. Er erschien in einem gleißenden Licht und fragte ihn: *„Saul, Saul, was verfolgst du mich?“* (Apg 9,4). Jesus war schon in den Himmel aufgefahren und hatte sich zur Rechten des Vaters gesetzt. Wie konnte Saulus Jesus verfolgen? Einfach, indem er seine Anhänger verfolgte. Hat sich heute irgendetwas geändert?

Eine heilige Braut

Wenn man vom äußeren Vorhof des Passah zum Heiligtum von Pfingsten weitergeht und dann ins Allerheiligste des Laubhüttenfestes gelangt, bedeutet das, von Glaube zu Glaube und von Herrlichkeit zu Herrlichkeit zu gehen; d. h. zu größerer Liebe und Treue zu gelangen: zur Heiligkeit.

Zu größerer Liebe und Treue gelangen heißt, sich von allem zu trennen, was Gott missfällt. Es ist ein Leben in wahrer Heiligkeit.

Viele verstehen Heiligkeit, ob bewusst oder unbewusst, so, dass man ein System von Moralvorschriften einhält, welches das äußere Verhalten der Gläubigen kontrollieren soll, und dass man gewisse Lehren als verbindlich anerkennt.

Die wahre Heiligkeit jedoch wird in einem grundsätzlichen Gebot zusammengefasst: Liebe. Wenn wir Gott von ganzem Herzen, ganzer Seele, ganzem Verstand und mit all unserer Kraft lieben, wird auch alles andere in Ordnung kommen. Wir werden uns von Sünde und Götzendienst trennen. Wir werden unseren Nachbarn lieben wie uns selbst. Wir werden uns in Gottes Familie einbringen und einander ermutigen und stärken. Wir werden darauf achten, dass in unserer Lampe genügend Öl ist.

Viele Christen erwarten heute sehnsüchtig die Entrückung der Gemeinde. Ihre Augen sind mehr auf die Entrückung und ihre Herzen mehr auf Flucht ausgerichtet als auf den HERRN. Die wahre Braut dagegen erwartet sehnsüchtig den herrlichen Tag ihrer Vereinigung mit ihrem Geliebten. Aber sie möchte nicht, dass dieser Tag kommt, bevor sie sich bereit gemacht hat.

Dieser Tag kommt schnell, aber er wird nicht eher kommen, als dass sich die Braut bereit gemacht hat.

> *Lasst uns fröhlich sein und frohlocken und ihm die Ehre geben, denn die Hochzeit des Lammes ist gekommen, und sein Weib hat sich bereit gemacht. Und ihr wurde gegeben, dass sie sich kleide in feine Leinwand, glänzend, rein. Denn die feine Leinwand sind die gerechten Taten der Heiligen. Und er spricht zu mir: Schreibe: Glückselig, die geladen sind zum Hochzeitsmahl des Lammes* (Offb 19,7-9).

Die Liebesbeziehung zwischen Gott und seinem Volk dauert bis zum heutigen Tag an. Und in unserer Zeit trennt Gott den Weizen von der Spreu, die Braut von der Hure. Er stellt die Hure bloß und offenbart die Braut.

Da wir mehr und mehr vom Wesen der Braut erkennen, wird diese Offenbarung selbst und ganz von sich aus die Braut herausrufen.

Der Überrest als Braut

Es ist nun für alle wahren Gläubigen wichtig, dass sie folgende Anweisung Christi ernst nehmen: *„... blickt auf und hebt eure Häupter empor, weil eure Erlösung naht“* (Lk 21,28).

Unsere Erlösung hing und hängt immer noch gänzlich und ausschließlich von Christus und seinem Blut ab, das er als Lamm Gottes vergossen hat. Er hat uns erwählt. Er hat uns berufen.

Und dennoch sagte er selbst: *„Denn viele sind Berufene, wenige aber Auserwählte“* (Mt 22,14).

Während der ganzen Geschichte Israels verhieß Gott selbst immer, dass ein Überrest gerettet werden würde. Gott hat immer wieder solche Überreste benutzt. Es wird eine Gemeinde des Überrestes geben. In diesen letzten Tagen wird ein Volk aus einem Volk herausgerufen werden, das die Herrlichkeit Gottes darstellen, sich als die Braut ohne Flecken oder Falten offenbaren, treu sein und Liebe üben wird.

Dieser Überrest wird nicht aus allen bestehen, die einfach nur behaupten, Christen zu sein, auch wenn viele von ihnen gerettet werden. Er wird nicht einmal die vielen wohlmeinenden Christen einschließen, die vor Freude über die Aussicht auf Entrückung hüpfen und springen. Er wird nur jene einschließen, denen es anvertraut ist, dem Lamm zu folgen, wohin es auch geht. *„Diese sind es, die sich mit Frauen nicht befleckt haben, denn sie sind jungfräulich; diese sind es, die dem Lamm folgen, wohin es auch geht“* (Offb 14,4).

Hierbei handelt es sich nicht um eine Elitegruppe nach weltlichem Maßstab. Diese Menschen sind verborgen, gesichtslos, ein Volk, das das Bild des Vaters in sich trägt, das nicht nach dem Fleisch, sondern in Übereinstimmung mit dem Geist wandelt, das hundertfache Frucht bringt, das es wagt, dem eigenen Ich zu sterben, damit Gottes Leben durch dieses Volk praktisch gelebt wird, das in das Allerheiligste eintritt, wo es nur Jesus gibt, das durch das heiligende Wirken des Heiligen Geistes gereinigt und geläutert wird, und das schon ein Stück weit auf dem Weg zu seiner Verherrlichung ist – nicht durch Erhöhung des eigenen Ichs, sondern durch die vollkommene Verleugnung des eigenen Ichs.

Ich wurde einmal gefragt: „Wer sind die zehn Jungfrauen, von denen in Matthäus 25,1-13 berichtet wird?"

Ich hatte immer angenommen, dass sie die Braut seien. Aber durch diese Frage erkannte ich, dass sie nicht die Braut sein konnten, zumindest nicht alle zehn von ihnen, da die fünf törichten Jungfrauen nicht eingelassen wurden. Es gibt keine auf diese Weise geteilte Braut.

Später begriff ich im Zusammenhang mit dieser Abhandlung, dass die fünf, die nicht genügend Öl hatten, jene Gläubigen darstellten, die dreißigfache Frucht bringen. Sie begnügten sich damit, im äußeren Vorhof des Passah ihr Lager aufzuschlagen und sich weigerten, das Öl des Heiligen Geistes für sich selbst zu empfangen. Ihre Lampen waren zwar durch das Öl des Geistes entzündet worden, aber für die restliche Wegstrecke bis Mitternacht brauchten sie noch mehr.

Ich weiß, dass dies eventuell Ihren konventionellen Glaubensvorstellungen widerspricht, aber ziehen Sie einmal in Betracht, was Johannes in Offenbarung 11,1-2 sagte: *„Und es wurde mir ein Rohr, gleich einem Stab gegeben und gesagt: Steh auf und miss den Tempel Gottes und den Altar und die, welche darin anbeten! Und den Hof, der außerhalb des Tempels ist, lass aus und miss ihn nicht! Denn er ist den Nationen gegeben worden, und sie werden die heilige Stadt zertreten zweiundvierzig Monate."*

Die fünf anderen Jungfrauen hatten genügend Öl und konnten so am Hochzeitsfest teilnehmen. Diese sind jene Gläubigen, die sechzigfache Frucht bringen und von denen ich annehme, dass sie bereitwillig die Taufe im Heiligen Geist empfangen haben und über den äußeren Vorhof des Passah weiter zum Heiligtum von Pfingsten gegangen, dort aber stehen geblieben sind. Sie haben begonnen, sich um die Gaben zu versammeln, statt um den Geber der Gaben, und neigen auf unauffällige Weise mehr dazu, sich im Stolz zu überheben, als dass sie der Salbung des Heiligen Geistes erlauben, sie ans Ende ihrer selbst zu bringen.

Sie können am Hochzeitsfest teilnehmen, aber sie sind nicht die Braut. Sie haben Hurerei betrieben, denn geistliche Hurerei ist alles, was dem eigenen Ich dient. Aber genauso wie Israel nicht Gottes Volk war, weil er sich von Israel scheiden ließ, blieb die Verheißung, dass Israel eines Tages wieder sein Volk sein würde (vgl. Hos 1,9-10). Genauso ist es mit der hurerischen Gemeinde. Gott wird sie erlösen.

Ich meine, dass die Braut ohne Flecken oder Falten mit dem Bräutigam bereits auf dem Hochzeitsfest war, als der Ruf ausging: *„Wer die Braut hat, ist der Bräutigam."* Das sind jene Gläubigen, die hundertfache Frucht bringen.

Gottes Herz geht heute vor dem großen und schrecklichen Tag des HERRN aus und ruft die Braut heraus. Wer Ohren hat zu hören, der höre.

Kapitel 17

Zion

Israel, Juda, Zion

Zur Zeit des Alten Testaments wurde Israel in zwei Königreiche geteilt: das nördliche Königreich Israel, das manchmal auch mit Samaria, dem Namen seiner Hauptstadt, bezeichnet wurde, und das südliche Königreich Juda, zu dem die Stadt Jerusalem gehörte.

Das nördliche Königreich Israel erhielt von Gott den Namen Ohola (vgl. Hes 23,4 ff.). Es bzw. sie trieb so lange Hurerei, bis Gott sie in Vergessenheit geraten ließ. Sie sollte niemals wiederhergestellt werden – es sollte nur ein Überrest zurückkehren. Ohola bedeutet „(sie hat) ihr eigenes Zelt". Dieser Name hat vielleicht etwas mit der Tatsache zu tun, dass Israel unter Jerobeam die Anbetung Jahwes in Jerusalem aufgab und sein eigenes Zentrum der Götzenverehrung in Samaria einrichtete (vgl. 1 Kö 12,25-35).

Das südliche Königreich wurde ihre Schwester genannt und mit Oholiba (vgl. Hes 23,4 ff.) bezeichnet, was „mein Zelt ist in ihr" bedeutet. Juda erhielt diesen Namen vielleicht deswegen, weil er bedeutet, dass der Tempel als der wahre Mittelpunkt der Anbetung Jahwes in Jerusalem war. Trotz dieser Tatsache und obwohl sie gesehen hatte, was ihre treulose Schwester tat und was mit ihr daraufhin geschah, beging Juda die gleichen Gräueltaten gegen Gott. Sie wurde 70 Jahre lang ins Exil nach Babylon geschickt (vgl. Jer 25,11).

Aber Gottes Ruf erging an die Gefangenen in Babylon: *„Zieh aus ihm hinaus, mein Volk …"* (Jer 51,45). Wir sollen nach Zion, dem heiligen Berg Gottes (vgl. Jer 31,6) zurückkehren. Zion ist der Ort, an dem sich die Stiftshütte Daniels befand bzw. an dem Jesus alles in allem ist.

Nordisrael ist vergleichbar mit denen, die sich im äußeren Vorhof befinden – der institutionellen Christenheit –, mit denen, die voller Götzendienst sind, mit denen, die nicht dazugehören werden, wenn der Maßstab Gottes an die Gemeinde angelegt wird.

Das südliche Königreich Juda ist vergleichbar mit den Pfingstlern und den Charismatikern, die die Gräueltaten ihrer älteren Schwester gesehen und sich davon distanziert haben, um vom Geist auf eine höhere Ebene geführt zu werden.

Doch schon bald wurde die jüngere Schwester genauso institutionell, genauso auf sich selbst bezogen, genauso gesetzlich, genauso abgöttisch wie ihre ältere Schwester. Der einzige Unterschied besteht vielleicht darin, dass sie zusätzlich zu ihrer Lampe ein Gefäß mit Öl mitnahm – das Öl des Heiligen Geistes. Sie schaffte es zwar, als Dienerin der Braut hineinzukommen, aber sie selbst ist nicht die Braut (vgl. Mt 25,1-13).

Weiter geht sie nicht. Der Ruf, nach Zion zu gehen, ist nicht in ihrem Herzen. Nur ein Überrest kehrte mit Serubbabel, Esra und Nehemia aus Babylon zurück. Die meisten übrigen begnügten sich damit, in der Bequemlichkeit ihrer babylonischen Städte zu bleiben.

Für jene, die aus Babylon herauskamen, um nach Jerusalem zurückzukehren, war der Weg nicht leicht. Sie mussten beständig gegen den höhnischen, bedrohlichen Feind kämpfen.

Die Mauer reparieren

Die Rückkehrer hatten zwei Hauptaufgaben vor sich. Die eine bestand darin, die Mauer um Jerusalem herum wieder aufzubauen. Das ist ein Abbild der geistlichen Kriegsführung, die durch die Gebetskämpfer geschieht, die Gott heute heranzieht. Dank sei Gott für diese Armee der gesichtslosen Fürbitter, die nicht in Erscheinung treten und die die Schlacht für den Rest des Lagers schlagen.

Es hat viele Risse in der Mauer um die Gemeinde gegeben, viele Stellen, durch die der Feind eindringen und die Stadt Gottes verwüsten konnte. Diese Risse entstehen durch die Verachtung anderer, durch Gesetzlichkeit, Dogmatismus und Sektierertum.

Diese Risse werden jetzt repariert. Genauso wie es in den Tagen Esras und Nehemias war, ist es auch heute. Jeder muss die Mauer dort reparieren, wo er lebt. Er muss sein Werkzeug in einer Hand und seine Waffe in der anderen Hand halten. Ich denke, dass die *agape* (selbstaufopfernde Liebe) das Werkzeug und das Gebet die Waffe ist.

Wir erreichen in dieser Zeit nichts für Gott, wenn es nicht zuerst im Gebet erreicht wurde.

Den Tempel wieder aufbauen

Die andere Aufgabe, die vor ihnen lag, bestand darin, den zerstörten Tempel wiederaufzubauen.

Genau das tut Gott heute. Er fügt seinen Leib zusammen. Da ist nur *„ein Leib und ein Geist … Ein Herr, ein Glaube, eine Taufe, ein Gott und Vater aller, der über allen und durch alle und in allen ist"* (Eph 4,4-6).

Dieses Ziel wird nicht durch die ökumenische Bewegung der institutionellen Christenheit erreicht. Es wird nur durch den Überrest erreicht, der bereit ist, auf Gottes Ruf *„Geht aus ihr hinaus, mein Volk"* (Offb 18,4) zu antworten. *„Kommt, lasst uns hinaufziehen zum Berg des HERRN, zum Haus des Gottes Jakobs, dass er uns auf Grund seiner Wege belehre und wir auf seinen Pfaden gehen …"* (Jes 2,3).

Dieser Überrest ist die Gemeinde ohne Mauern. Die Zusammenkunft des fünffältigen Dienstes, um die Heiligen wahrhaftig für das Werk ihres Dienstes auszurüsten – ein Volk, das sich nur im Namen Jesu versammelt, um sich zu stärken, und das dann in der Macht des Heiligen Geistes zum Dienst hinausgeht.

Die einzige Mauer um sie herum ist die feurige Mauer, von der in Sacharja 2,9 gesprochen wird: *„Und ich selbst werde ihm ringsherum eine feurige Mauer sein, spricht der HERR, und ich werde zur Herrlichkeit in seiner Mitte sein."*

Nach Zion zurückkehren

So ist die Braut weder das nördliche Königreich von Israel, die institutionelle Christenheit, noch das südliche Königreich, das in Babylon zurückblieb, sondern sie besteht aus den paar wenigen Verstreuten, die es wagen, Gottes Anliegen, nach Zion zurückzukehren, zu ihrem Anliegen zu machen.

Sie sind das Zion Gottes.

Von ihnen geht das Wort aus. „... *Denn von Zion wird Weisung ausgehen und das Wort des HERRN von Jerusalem* [der Überrest]" (Jes 2,3).

Den prophetischen Dienst wiederherstellen

Wären in Serubbabels Tagen nicht die Propheten Gottes gewesen, die sie ermutigten weiterzubauen und sich nicht vom Feind entmutigen zu lassen, hätten sie vielleicht niemals ihre Aufgaben zu Ende geführt (vgl. Esra 5,1-2; 6,14).

Heutzutage gibt es eine Wiedereinsetzung des prophetischen Dienstes. Während viele Propheten durch persönliche Prophetien Ermutigungen weitergeben und viele andere von ihnen Situationen genau vorhersagen, wird der wahre Prophet auch Gottes Worte aussprechen, die sein Volk dazu aufrufen, Buße zu tun, Babylon zu verlassen und nach Zion, zur Heiligkeit, zu kommen. Er wird die Braut wachrufen.

Der prophetische Dienst heute ist mit dem des Johannes des Täufers vergleichbar, der in der Wüste ausrief: *„Bereitet den Weg des Herrn"* (Mt 3,3).

Das Hervorkommen der Braut, die Zubereitung der Braut für seine Wiederkunft ist die Vorbereitung des Weges des HERRN.

Denn Gott kommt, um seine Braut abzuholen. Darum dreht sich die ganze Bibel. Wenn wir das aus dem Auge verlieren, verfehlen wir die zentrale Aussage der Heiligen Schrift und die Absichten Gottes.

Am besten widmen wir unsere Zeit und unsere Kraft nicht so sehr der Absicht, Dinge von Gott zu erlangen, oder unsere Lehren miteinander in Einklang zu bringen, oder große Kirchengemeinden und größere Gebäude aufzubauen, sondern damit, das Angesicht unseres Bräutigams zu suchen.

Die Braut hat sich bereit gemacht. Ach so, das ist der Schlüssel. Jedoch nicht ich, sondern Christus in mir.

Wie es am Anfang war

Beachten Sie nun das folgende entscheidende Prinzip: Wie es am Anfang war, so wird es auch am Ende sein.

Der erste Adam wurde durch Gottes Hand erschaffen. Aus seiner Seite kam seine Braut hervor. So gilt: Aus dem Mann kam die Frau.

Jesus wurde von der Jungfrau Maria geboren. Sie empfing Jesus von Gott, dem Höchsten, als der Heilige Geist über sie kam (vgl. Lk 1,35).

Maria ist ein Abbild der Gemeinde als Mutter. Der Heilige Geist brachte einen geistlichen Sohn hervor, den eingeborenen Sohn des Vaters. Maria wurde auserwählt, weil sie Gnade vor Gott fand (vgl. Lk 1,30). So gilt: Aus der Frau kam ein Mann.

Dann starb Jesus am Kreuz und vergoss sein kostbares Blut. Aus seiner Seite flossen sowohl Wasser als auch Blut, und dadurch brachte er die Gemeinde hervor. Somit gilt: Aus dem Mann kam eine Frau.

Und in dieser letzten Stunde hat Gott die Absicht, diesen Kreislauf zu wiederholen, da die Mutter-Gemeinde gemäß Offenbarung 12 in Geburtswehen liegt, um das männliche Kind hervorzubringen. Jesus war Gottes Sohn. Nun offenbart Gott viele Söhne, die zur Herrlichkeit geführt werden. Somit gilt: Aus der Frau kam ein männliches Kind.

Dann, im letzten Schritt, wird dieses männliche Kind jene zubereitete Braut hervorbringen, die weder Flecken noch Runzeln noch irgendeinen Makel hat. Somit gilt:

Aus dem Mann kam eine Frau, die Braut.

- Aus dem Mann kam die Frau: Eva.
- Aus der Frau kam der Mann: Jesus.

- Aus dem Mann kam die Frau: die Gemeinde.
- Aus der Frau kam der Mann: das männliche Kind, ein aus vielen Gliedern zusammengefügter Sohn.
- Aus dem Mann kam die Frau: die Braut.
- Wie es am Anfang war, so wird es auch am Ende sein.

Vom Passah über Pfingsten zum Laubhüttenfest (Zion).

Wenn vor dem Angesicht Gottes ein Mann mit seiner Frau vereinigt wird, werden die beiden in Gottes Augen ein Fleisch. Die Braut Christi ist eins mit Christus; sie hat sich bereit gemacht, bevor er kommt. Sie wird zu ihm. Sie bleibt in ihm und er in ihr.

Wenn Gott Kinder hervorbringt, bringt er sie nach seinem Ebenbild hervor – Nachkommenschaft von seiner Nachkommenschaft.

Deshalb bringt die Mutter, die eins ist mit Gott, Kinder nach seinem Abbild hervor. Somit kommt Gott, um sich selbst abzuholen. Er wird jene zu sich nehmen und zu seinem Thron hochholen, die sein Abbild sind, die Samen von seinem Samen sind, Söhne Gottes: seine Gekreuzigten.

Wer Ohren hat zu hören, der höre.

Über den Autor

Charles Newbold wuchs in der Kirche auf, absolvierte ein theologisches Seminar und war zwölf Jahre lang Pastor, bevor er vom Glauben abfiel und erklärter Atheist wurde.

1978 vollzog Gott in seiner Souveränität eine Kehrtwendung mit ihm und brachte ihn dazu, mit ganzem Herzen den HERRN zu suchen. Er ging wieder zum Seminar und diente seither als Pastor, Lehrer und Berater. Seine wichtigste Berufung vom Herrn besteht jedoch darin, vor ihm zu sitzen, seiner „leisen, gedämpften Stimme" zu lauschen und aufzuschreiben, was er hört.

> *Brüder, ich denke von mir selbst nicht, es ergriffen zu haben; eines aber tue ich: Ich vergesse, was dahinten ist, und strecke mich aus nach dem, was vorn ist, und jage auf das Ziel zu, hin zu dem Kampfpreis der hohen Berufung Gottes in Christus Jesus* (Phil 3,13-14).

Kontakt:

Charles Elliott Newbold, Jr.
cenewbold@knology.net
www.charlesnewbold.com

Weitere Produkte von GloryWorld-Medien

„Kirche nach dem Herzen Gottes"

Frank Krause, Die Armee

Impulse zur aktuellen geistlichen Revolution; 300 S., Pb.

Die Zukunft hat begonnen. Das Verlangen nach Wahrheit, Orientierung und positiven Visionen schwillt an wie eine Flut. Menschen wollen definitiv wissen, wie sie vom Heiligen Geist verwandelt werden können, um in die Dimension der Herrlichkeit Gottes und der engen Beziehung mit Jesus, genannt „Jüngerschaft", eintreten zu können.

Sie sind bereit, dafür zu kämpfen und alle Hindernisse zu überwinden. Sie haben das Spiel religiöser Nichtigkeit und frommen Missbrauchs satt und wollen zu Jesus selbst finden und mit ihm gehen – in Liebe und Wahrheit.

Die Kraft des Alten lockert ihren Griff, die Zeit Sauls läuft ab und der Aufgang Davids steht bevor. In der Wüste sammeln sich die Kämpfer, die niemand wollte, aber Gott.

Frank Viola, Jesus-Manifest

224 S., gebunden

An jede Generation ergeht neu die Frage Jesu an seine Jünger: „Für wen haltet ihr mich?" Die Gefahr war und ist stets, dass man aus dem Evangelium alles Mögliche macht, was nichts oder nicht wirklich mit Jesus Christus zu tun hat.

Jesus-Manifest stellt uns Jesus dagegen ganz neu vor Augen als den, der er laut den Aussagen der Bibel wirklich ist. Es ist ein Aufruf, ihm wieder in allem die Vorrangstellung und Souveränität zu geben, die ihm gebührt, und uns ganz für ihn zu öffnen, damit er der „Christus in uns" sein kann, „die Hoffnung der Herrlichkeit" (Kol. 1,27).

Frank Viola / George Barna
Heidnisches Christentum?

Über die Hintergründe mancher unserer vermeintlich biblischen Gemeindetraditionen; 336 S., Pb.

Punkt für Punkt nehmen uns die Autoren an die Hand und zeigen auf, wie die einfache, dynamische Glaubenspraxis der ersten Christen durch die Öffnung für außerbiblische Praktiken und Philosophien abhandenkam und welche dramatischen Folgen die jeweiligen Einflüsse hatten.

Zu den untersuchten Themen gehören u. a. Gottesdienstpraxis, Klerus und kirchliche Strukturen, Kirchengebäude, die Rolle des Pastors, Tauf- und Abendmahlspraxis, Umgang mit Finanzen und die christliche Ausbildung.

Don Atkin

Söhne des Königreichs

Unsere wahre Bestimmung als Kinder Gottes; 120 S., Pb.

Viel zu lange haben sich religiöse Leiter auf besondere Orte, besondere Zeiten und besondere Personen konzentriert, statt gezielt und strategisch die Heiligen für das Leben selbst zuzurüsten. Es ist das Praktizieren dieses Reich-Gottes-Lebens, das andere von unserer Authentizität in Christus überzeugen wird.

Gott bringt Söhne (und Töchter) hervor, die sein Reich etablieren, „wie im Himmel, so auf Erden". Dabei handelt es sich nicht um einen Elite-Überrest, sondern um die tatsächliche Gemeinde auf der Erde.

Wayne Jacobsen / Dave Coleman

Der Schrei der Wildgänse

Aufbrechen zu einem freien Leben in Christus jenseits von Religion und Tradition; 220 Seiten, Paperback

Wie können wir heute als Einzelne und in Gemeinschaft in der Freiheit leben, zu der uns Christus befreit hat? Wie können wir religiöse Zwänge entlarven, die uns diese Freiheit immer wieder rauben wollen?

Die Autoren beantworten diese Fragen mitten aus dem Leben. Sie zeigen auf, wie wir heute ganz praktisch mit Jesus leben und eine Freude und eine Freiheit erleben können, von der wir bisher bestenfalls träumen konnten.

Christine Hauke, Glaube, der funktioniert

Glaubensräuber enttarnen und ein leidenschaftlicher Freund Gottes werden; 240 S., Paperback

Wie finden wir einen Glauben, der nicht nur unser Innenleben grundlegend verändert, sondern auch unsere Umgebung mit der Kraft des Evangeliums in Berührung bringt?

Christine Hauke schreibt sowohl inspirierend als auch herausfordernd über eine dringend notwendige Reform, ja, eine „Revolution" unserer traditionellen Vorstellungen des christlichen Glaubens und identifiziert eine ganze Reihe weit verbreiteter religiös-traditioneller Ansichten, die zwar „gläubig" erscheinen, aber ganz unvereinbar sind mit dem „wahren" Glauben, wie ihn die Bibel beschreibt und die Evangelien ihn bezeugen.

Bestellen Sie im Buchhandel oder direkt beim Verlag:

GloryWorld-Medien | Postfach 4170 | D-76625 Bruchsal
Fon 07257-903396 | Fax 07257-903398 | info@gloryworld.de

Aktuelles, Leseproben, Downloads & Shop: **www.gloryworld.de**